本书将聚焦西方美术史上 106 位著名的画家，并介绍他们的画作。希望本书能成为广大读者赏析西方名画的一本入门书。

当然，此书只不过是一本入门书而已，如果能帮助读者从新的视角来欣赏画作的话，那将是我的荣幸。

田边干之助

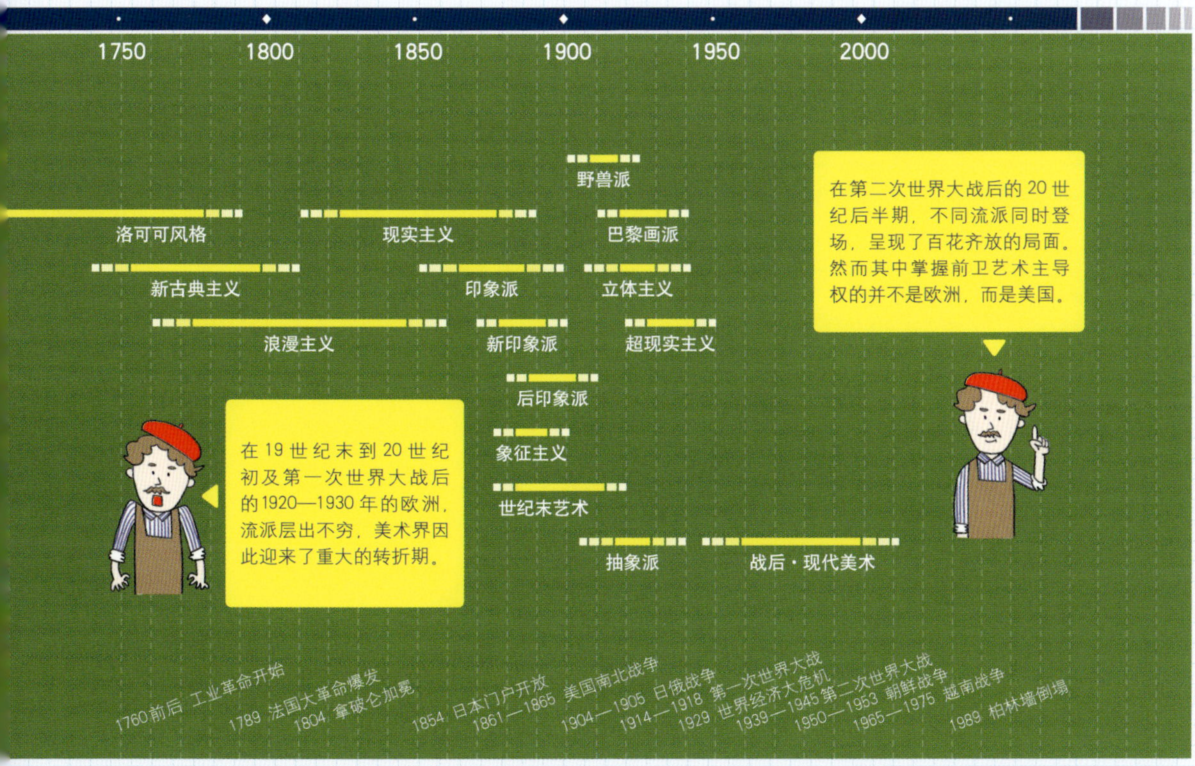

1750　1800　1850　1900　1950　2000

野兽派

洛可可风格

现实主义

巴黎画派

新古典主义

印象派

立体主义

浪漫主义

新印象派

超现实主义

后印象派

象征主义

世纪末艺术

抽象派

战后·现代美术

在 19 世纪末到 20 世纪初及第一次世界大战后的 1920—1930 年的欧洲，流派层出不穷，美术界因此迎来了重大的转折期。

在第二次世界大战后的 20 世纪后半期，不同流派同时登场，呈现了百花齐放的局面。然而其中掌握前卫艺术主导权的并不是欧洲，而是美国。

1760前后 工业革命开始

1789 法国大革命爆发

1804 拿破仑加冕

1854 日本门户开放

1861—1865 美国南北战争

1904—1905 日俄战争

1914—1918 第一次世界大战

1929 世界经济大危机

1939—1945 第二次世界大战

1950—1953 朝鲜战争

1965—1975 越南战争

1989 柏林墙倒塌

目录

画家事典

西方106位大师及其名作解读

[日]田边干之助 编著
陈芳芳 译

画家事典

西方106位大师及其名作解读

[日] 田边干之助　编著
陈芳芳　译

http://www.hustp.com
中国 · 武汉

前言

欣赏画作有好几种方式。既有单纯地赏析色彩、形态、笔致之妙处的欣赏方式，也有带着专业的眼光去深入了解作品的欣赏方式。

特别是那些名画，其内涵非常深刻。如果能把握作品内涵的话，我想不管是对于已经看过部分名画的人来说，还是对于今后更多要看名画的人来说，作品都将会呈现出全新的面貌。

基于此，与名画作者有关的背景知识比什么都重要。通过了解各位画家的生平、家庭成员、成长环境及时代背景，以及画家师从于谁，又教过谁等相关背景知识，或许能加深读者对名画的理解，把握作品的核心主题。

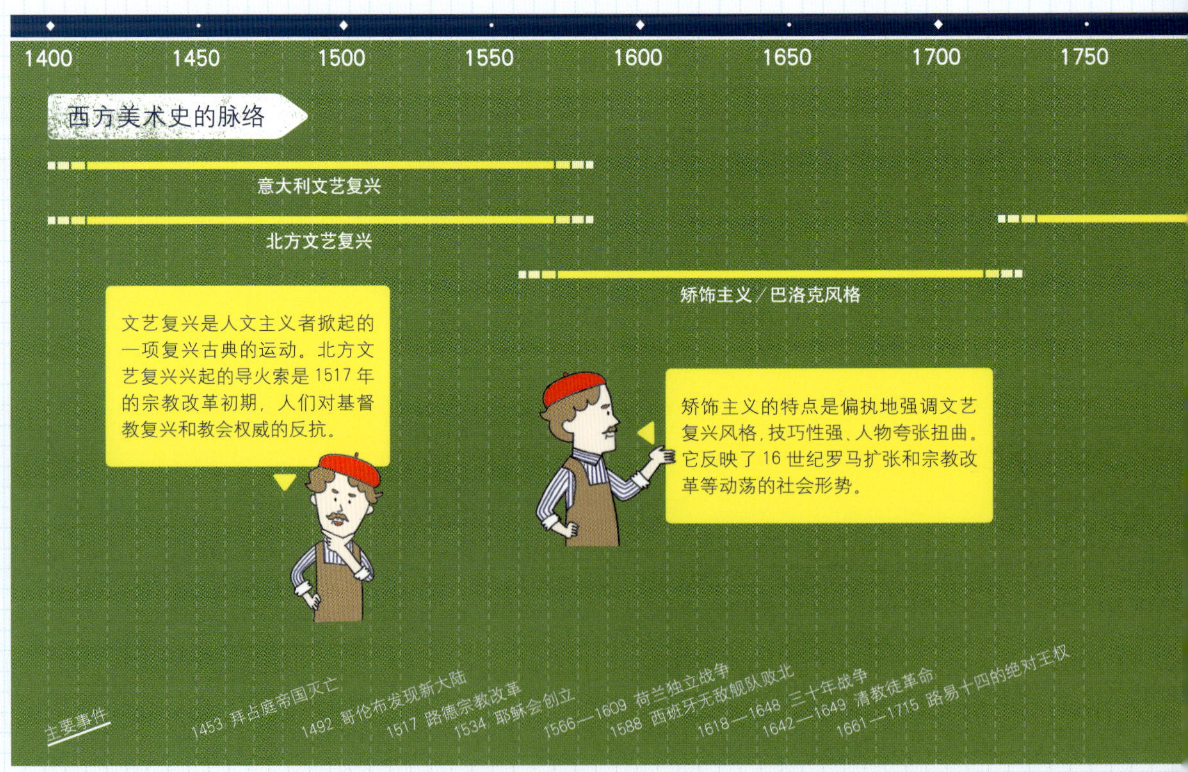

本书的使用方法

▶本书筛选出了西方美术史上主要的 106 位画家，并简明地介绍了他们在美术史上的地位、风格、生平、作品等。

▶本书按照时间顺序及流派，介绍了 14 世纪到 20 世纪末的画家。

▶作品名、创作年份、手法、尺寸等，是根据收藏地所公开的信息整理的。

▶画作、文学作品、电影作品的名称用书名号进行标识，其他的团体名、手法名等固有名词用引号进行标注。

▶关于画家的出生地和国籍等，用现在的国名进行介绍。像“佛兰德”这样现已不复存在的国家，也采用该地现在的国家名，按照汉语拼音字母顺序排列。

艺术历史：
意大利
文艺复兴

以古代复兴为主题

意大利文艺复兴

14 世纪后期—16 世纪

从佛罗伦萨扩展到欧洲各国

"renaissance" 一词在法语中是"复活"的意思。14 世纪兴起于意大利，随后扩展到欧洲各国的这股浪潮是意大利进行艺术复兴、古典再发现和人性复活的一场变革。

文艺复兴提升了人们对"个人"的认识。此前的"匿名工匠"，从此拥有了"画家""雕塑家"的称谓，并开始提倡作品的独创性。

画家们在自然和古代的知识中寻找艺术的灵感，把素描作为连接自然和作品的结点。

意大利文艺复兴运动的中心从 15 世纪的佛罗伦萨转移到 16 世纪初的罗马，而到了 16 世纪中期，威尼斯的优势开始显露。威尼斯画派的画家们，重视通过潇洒的笔触勾画出绚丽色彩。

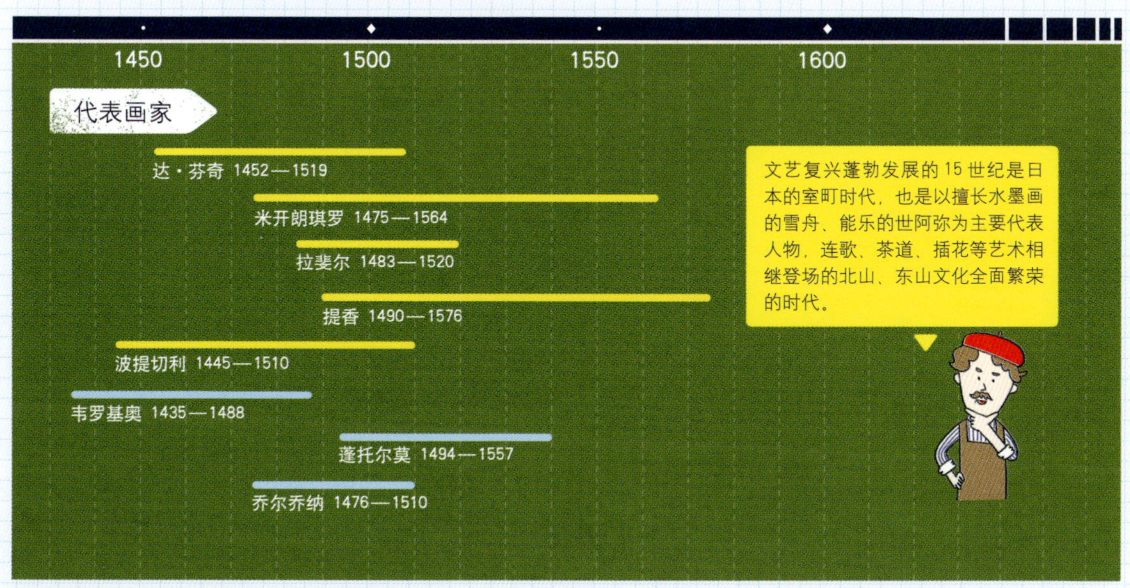

黄色的横线代表本书收录的画家的生卒年，蓝色的横线代表本书未收录的画家的生卒年。（后文同）

001

文艺复兴孕育的多才、全能的画家

列奥纳多·达·芬奇

Leonardo da Vinci

1452—1519年

所谓轮廓，即为物体接触的原点。
——列奥纳多·达·芬奇

永不枯竭的才华铸就声望

毫不夸张地说，《蒙娜丽莎》是全世界最著名的油画之一，它的作者列奥纳多·达·芬奇不仅是一位画家，也是一位狂热的科学研究者。

达·芬奇从少年时期开始绽放艺术天赋。他在 14 岁便进入多才多艺的画家和雕塑家安德烈·韦罗基奥的画坊学习；20 岁时，达·芬奇在协助老师韦罗基奥创作《基督的洗礼》时，画了其中的天使，他表现优异，令韦罗基奥感到震惊，韦罗基奥甚至认为达·芬奇已经远远地超越了自己。

大约在 1482 年，达·芬奇去了米兰。虽然那个时候达·芬奇的才能得到了大家的认可，但是他的名声还不够响亮。

然而从那时开始，达·芬奇取得了许多的成就，不仅仅是在绘画方面，在设计、解剖学、雕塑等领域，达·芬奇也颇有建树。

最重要的是，达·芬奇在创作出《最后的晚餐》和《蒙娜丽莎》等名作之后，在绘画领域获得了不可撼动的地位。

在达·芬奇擅长的绘画手法中，有一种叫作“晕涂法”的表现手法。这种手法放弃了用线条来表现轮廓，而是使用色彩变化和明暗来表现。

此外，达·芬奇生动的肖像画也享有很高的赞誉。为了画人物，必须先了解人体的组成和结构，他便沉浸在对解剖学的研究中。他一生大约解剖了 30 具尸体，并在解剖尸体时发现了血管硬化的现象，成为世界上第一位发现血管硬化的人。如此获得的知识和经验也反映在他的绘画之中。

画家简介

生平

1452 年	4 月 15 日出生于意大利芬奇镇的安奇雅诺村。
1466 年	移居佛罗伦萨，进入安德烈·韦罗基奥的画坊学习。
1482 年前后	移居米兰。
1495 年	开始创作《最后的晚餐》，于 1498 年前后完成。
1519 年	5 月 2 日，逝世于法国安波瓦兹的克劳城堡。

代表作

《最后的晚餐》1495—1498 年
《蒙娜丽莎》1503—1506 年

充满无限魅力和神秘感的不朽名作

这是达·芬奇在晚年一直加工创作到最后的名作。《蒙娜丽莎》至今仍让人着迷的原因有很多。其一就是隐藏在作品里的谜团，即模特的原型不为人所知。据传记作家瓦萨里介绍，模特是佛罗伦萨的名门佐贡达的妻子丽莎，但能证明其真实性的资料却很少。另一个谜团就是蒙娜丽莎的微笑难以捉摸，因为使用了可谓完美的"晕涂法"，模糊轮廓，使之呈现出神秘的表情。

《蒙娜丽莎》（1503—1506 年，木板油彩，77cm × 53cm）
收藏于巴黎卢浮宫

赏析要点

这个作品的特点是使用了"晕涂法"，涂上一层透明层，使画作即使不画轮廓线也可呈现出立体感，并使用"远近法"来模糊形状，使画作更具"空气感"，给画面带来空间深度。《蒙娜丽莎》和《最后的晚餐》中，均采用了这种画法。

小知识

拉斐尔敬爱的画家

达·芬奇的"晕涂法"被许多画家所采用，拉斐尔就是其中之一。另外，拉斐尔不仅潜心研究达·芬奇的"晕涂法"，还学习他的构图法。拉斐尔的作品中，与《蒙娜丽莎》构图相似的作品就有好几幅。此外，拉斐尔的作品里出现达·芬奇的画法与构图这一点，也能看出他对达·芬奇的敬意。

002

著名雕塑家兼杰出画家

米开朗琪罗·博那罗蒂

Michelangelo Buonarroti

1475—1564 年

艺术超越作品本身的生命，超越自然法则，永存于世。
——米开朗琪罗·博那罗蒂

画家简介

生平

1475 年　3 月 6 日出生于意大利佛罗伦萨近郊的卡普莱斯。
1488 年　进入多梅尼科·吉兰达伊奥工作室。
1490 年　创作处女作《台阶上的圣母》。
1501 年　开始雕刻《大卫》像，并于 1504 年完成。
1535 年　开始创作《最后的审判》，并于 1541 年完成。
1564 年　2 月 18 日，逝世，享年 89 岁。

代表作

《西斯廷教堂天顶画》1508—1512 年
《最后的审判》1535—1541 年

打破文艺复兴常识的表现

说到米开朗琪罗，相比其画家的身份，估计大多数人对他雕塑家的身份印象更深刻。米开朗琪罗本人也曾说自己并非画家，使他一举成名的是他 25 岁时的雕塑作品《哀悼基督》。

米开朗琪罗出生于佛罗伦萨近郊的卡普莱斯。他父亲是卡普莱斯自治市的行政长官。由于母亲体弱多病，米开朗琪罗从一岁起一直被寄养在佛罗伦萨郊外的一个石匠家里，直到六岁那年才被父亲接回家。可能因为生活在石匠家庭的缘故，耳濡目染，他从小就对雕刻和绘画着迷。后来他反抗希望自己成为社会主流精英的父亲，最终走上了艺术家的道路。13 岁时，他进入多梅尼科·吉兰达伊奥工作室学习，两年后完成了雕塑处女作《台阶上的圣母》，高超的技艺使很多人赞叹不已。

之后，他如愿地成为一名享负盛名的雕塑家。但他并没有止步于此。1508 年，米开朗琪罗受当时的罗马教皇尤利乌斯二世之命，开始着手在梵蒂冈的西斯廷教堂大厅天顶绘制《创世纪》，这幅画前后花费四年的时间，由米开朗琪罗独立创作完成。后来，从 1535 年末开始，60 岁的米开朗琪罗花费近六年的时间，独立完成了西斯廷礼拜堂正面的壁画《最后的审判》。《最后的审判》描绘了如雕塑作品中一般健美的 391 个极具美感的人体，从人体因苦恼而扭曲、大胆的姿势中，已经可以看出其作品有矫饰主义的特点，可以说米开朗琪罗是矫饰主义的先驱。

影响后世的一位时代先驱

1535 年开始创作的《最后的审判》，历经多年才绘制完成。这幅壁画是年逾60岁的米开朗琪罗独立创作完成的。在壁画的中间，描绘了耶稣宣布审判的情景，其周围簇拥着近400个人。右侧是将被打入地狱的亡魂，左侧则是要上天堂的人。据说由于所刻画的全是裸体人物，该画在当时被指责是淫秽作品，后来就在显目的裸体私处添画了遮羞布条。但经过1990—1994年的修复，其中的16人又变回了裸体。

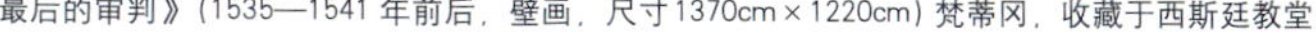

《最后的审判》(1535—1541 年前后，壁画，尺寸1370cm×1220cm) 梵蒂冈，收藏于西斯廷教堂

赏析要点

壁画中的每一个人物形象都起到至关重要的作用。画中人物腰姿夸张、姿态万千。这种表达手法成为后来兴起的矫饰主义的先驱。另外，耶稣的右下方描绘了使徒巴尔多禄茂手中拿着一张人皮的情景，这张人皮画的正是米开朗琪罗自己。

小知识

同一时代的两位水火不容的大师

不仅是雕塑家，作为画家也有诸多显赫成就的米开朗琪罗和全能巨匠达·芬奇的关系并不好。两人只要一碰面，就会发生口角，每次达·芬奇说"需要体力劳动的雕塑比不上绘画"时，米开朗琪罗就会愤怒不已。两位水火不相容的大师之间本来有一场作品的较量，结果却没能实现。

003

影响后世的西方绘画典范

拉斐尔·桑西

Raffaello Santi

1483—1520年

为了画出美丽的女人，必须要看面貌姣好的女人。——拉斐尔·桑西

才华横溢、有上进心的年轻人

拉斐尔的父亲乔万尼·桑西也是一位画家，所以拉斐尔自幼就在父亲的画室学习绘画。八岁丧母、十岁丧父的拉斐尔，后跟随在佩鲁贾有画室的彼得罗·万努奇学画。在彼得罗的指导下，拉斐尔的才华得以绽放，17 岁便出师，并获得创建个人画室的资格。

21 岁的时候，拉斐尔耳闻了两位活跃在佛罗伦萨的画家的事情后，离开佩鲁贾，来到佛罗伦萨。那两位画家便是达·芬奇（详见第 010 页）和米开朗琪罗（详见第 012 页）。

在拉斐尔的许多作品里，都能清晰地看到他想向艺术家前辈学习的姿态。初见《马达莱娜·多尼》这幅画，就能看出它是以《蒙娜丽莎》为基础创作的。拉斐尔的作品汲取了达·芬奇的“晕涂法”画法，从这点可以看出拉斐尔想要学习达·芬奇画技的意愿。

1508 年，25 岁的拉斐尔移居罗马，并开始为梵蒂冈宫的签字厅绘制壁画。如果说是这幅壁画让拉斐尔一举成为文艺复兴的代表画家，一点也不为过。壁画里出现的柏拉图，就是以达·芬奇为原型画的。据说拉斐尔自己与伯拉孟特等人的画像也出现在上面。这可能是拉斐尔调皮，也可能是他在向自己所尊敬的艺术家致敬。

画家简介

生平

1483 年	出生于意大利马尔凯地区的乌尔比诺。
1494 年	进入彼得罗的画室学习，1500 年出师。
1504 年	移居佛罗伦萨。
1508 年	移居罗马。1509 年起，开始绘制《雅典学院》。
1518 年	开始绘制临终前的杰作《基督显圣》。
1520 年	4 月 6 日，逝世。

代表作

《雅典学院》1509—1510 年
《椅中圣母》1513—1514 年

晚年创作的戏剧性的杰作

《基督显圣》被称为矫饰主义或巴洛克风格的先驱。画作中的人物姿态、夸张的动作、明暗分明等证明了这一点。画作上半部分描绘的是变容的基督，下半部分描绘的是被使者和恶鬼们抓住的少年。虽然拉斐尔是受法国前大主教、时任红衣主教的朱利奥·德·美第奇的委托绘制《基督显圣》的，但红衣主教同时也让拉斐尔的竞争对手塞巴斯蒂亚诺·德·皮翁博绘制《拉撒路的复活》，也就是说这两部作品当时存在竞争关系。拉斐尔的这幅作品最终被红衣主教赠予坦比哀多礼拜堂。

《基督显圣》（1518—1520 年，木板油彩，405cm × 278cm）收藏于梵蒂冈美术馆

赏析要点

《基督显圣》是拉斐尔的遗作。这部作品可以称为拉斐尔的集大成之作。整个画面一分为二，使两个故事形成戏剧性的对比。另外，作品刻画了各种各样的人物形象。

小知识

英年早逝的天才

据说拉斐尔的异性关系非常复杂。正因为如此，拉斐尔给后世留下了诸多情人的肖像画。据说拉斐尔五官端正、温文儒雅，同时又擅长运动，这么优秀的拉斐尔却在37 岁时英年早逝。拉斐尔在画坛活跃的时间虽短，却给后世留下了许多有影响力的作品。

色彩大师

提香·韦切利奥

Tiziano Vecellio

1490年前后—1576年

画家简介

生平

1490 年前后	出生于意大利皮耶韦迪科里亚诺。
1500 年前后	进入赛巴斯蒂亚诺·朱卡托画室学习，随后，跟随贝利尼兄弟，特别是乔凡尼·贝利尼学习绘画。
1533 年	为查理五世画肖像画。
1576 年	8 月 27 日在威尼斯病逝。

代表作

《圣母升天》1516—1518 年
《自画像》1562 年前后
《彼耶达》1570—1576 年

提香引领威尼斯画派的黄金时代

威尼斯画派色彩艳丽的特点可以说是受提香的影响。提香如此多的作品，都是色彩鲜艳的，其画笔下的女性也都颇为美丽动人。

另外，由于提香有许多客户，所以留下了许多肖像画。提香采用写实手法描绘模特，把他们的阶级特征描绘得淋漓尽致。他绘制的肖像画，受到了许多人的青睐。

> 提香是拥有出众才华、有活力并让人振奋的画家。
> ——米开朗琪罗·博那罗蒂

《莎乐美与施洗者圣约翰的头颅》（1560—1570 年，布面油彩，90cm×83.3cm）收藏于日本东京国立西洋美术馆

以“命运之女”为题材的杰作

关于莎乐美向耶稣索要施洗者圣约翰头颅的情景，很多画家都曾对其反常性地进行描绘。这幅作品在色彩、构图及莎乐美的神情刻画等方面都非常突出。

赏析要点

值得注意的是捧起圣约翰头颅时莎乐美透明的肌肤和衣服、闪闪发光的珍珠项链和发饰、宝石配件。只有提香才能画得出如此夺人眼球的美丽色彩。

看，这是我的风景。能看到很多景色吧。
——桑德罗·波提切利

005

在绘画中讲故事

桑德罗·波提切利

Sandro Botticelli

1445年前后—1510年

画家简介

生平

1445年前后	出生于意大利的佛罗伦萨。
1460年	进入菲力浦·利皮画室学习。
1470年	建立了个人画室。
1484—1486年	绘制《维纳斯的诞生》。
1510年	5月17日在佛罗伦萨逝世。

代表作

《摩西的考验》1481—1482年前后
《春》1482年前后
《维纳斯的诞生》1487年
《神秘的基督降生》1501年前后

具有说服力的情感表现和讲究的构图

从年轻时跟随的利皮画室独立出来后，波提切利创作出鲜明、亮丽的处女作。作品《刚毅》中所描绘的女性肉体和表情，其清晰的质感和鲜明的感情鼓舞着观赏的人们。

波提切利一生都围绕着特定的主题进行创作。如《三博士朝圣》，值得注意的是三幅画构图各不相同，有集中式构图、金字塔式构图和将人物放置在对角线的构图方式。可以从中看出其不断探索、追求全新表现方法的画家姿态。

《维纳斯的诞生》（1487年，布面蛋彩，172.5cm×278.5cm）收藏于佛罗伦萨乌菲齐美术馆

动静的对比

画面中央站立着安静的维纳斯。左边画的是西风之神泽费罗斯和一位女子，右边则描绘的是前来迎接的花神芙罗拉。

赏析要点

重视装饰性的表现，使用优雅的线条描绘出来的《维纳斯的诞生》被称赞为线条美的极致。波提切利与达·芬奇等画家的画风迥然不同，其作品与同时期其他画家的作品相比较也显得更为有趣。

西欧近代绘画的黎明——油画的发明

油画是一种以快干性油调和颜料（稀释颜料的材料），在画布或其他材质上进行绘制的一种技法，使用以油和胶状乳胶混合制作而成的水溶性材料的传统蛋彩画技法，与其他的绘画技法相比更加牢固。

另外，由于在色调、透明度和材质（材质的效果）等方面可塑性强，15 世纪之后，油画成为西欧绘画的主流画法。

在文艺复兴时期的意大利及 15 世纪初期的荷兰（现在的荷兰、比利时），油画绚丽夺目的画面及其牢固性引起了人们的关注。

创作了《著名画家、雕塑家、建筑家传》的意大利画家、著名作家瓦萨里认为，荷兰绘画的特性是由根特（现为比利时的自治市 ）的画家扬·凡·埃克所发明的油画技法所演变发展过来的。这个主张定型下来之后，扬·凡·埃克一直被认为是油画技法的发明者。

但其实与油画技法类似的记述，在 11 世纪和 12 世纪德国西奥菲勒斯的《多样的艺术笔记》、14 世纪意大利琴尼诺·琴尼尼的《艺匠手册》等书中，以及更早的资料里都出现过。

因此，与其说 15 世纪荷兰的油画技法与蛋彩画完全不同，倒不如说其是由蛋彩画发展过来的。与其说扬·凡·埃克是油画技法的发明者，倒不如说其是历代绘画技法的集大成者。

当然，初期荷兰绘画的细腻、自然与新的绘画技法密切相关。

但是，并非因为油画诞生了，才有了油画绘画技法。而是在追求油画效果的过程中，油画的绘画技法才产生。

油画技法从荷兰传到欧洲各国，然后通过意大利文艺复兴的开展与传播，又增添了新的特性。此后，油画在反映各个时代、地域风格及画家个性的同时，逐渐成为西欧绘画的主流技法。

艺术历史：
北方
文艺复兴

阿尔卑斯山以北的文艺复兴

北方文艺复兴

15 世纪—16 世纪

高超的绘画技术与文艺复兴精神的融合

北方文艺复兴是指阿尔卑斯山以北的 15 世纪—16 世纪的文艺复兴。与意大利文艺复兴相比，北方文艺复兴缓慢地进行着古典艺术复兴和人性觉醒的意识变革。在 15 世纪阿尔卑斯山以北的地方，出现了对自然进行写实的绘画方式，但哥特式风格依然得以保留。

另外，虽然受人文主义及意大利文艺复兴的影响，但与中世纪的宗教联系更加紧密也可以视为北方文艺复兴的特点之一。

从 15 世纪末开始，阿尔卑斯山以北出现了像丢勒这样走访意大利，学习绘画风格、技巧，抑或是学习古代绘画主题的画家们。从这个时候开始，意大利文艺复兴对北方文艺复兴的影响也开始显露。不过，在阿尔卑斯山以北，对意大利文艺复兴风格的接受程度因地方而异。

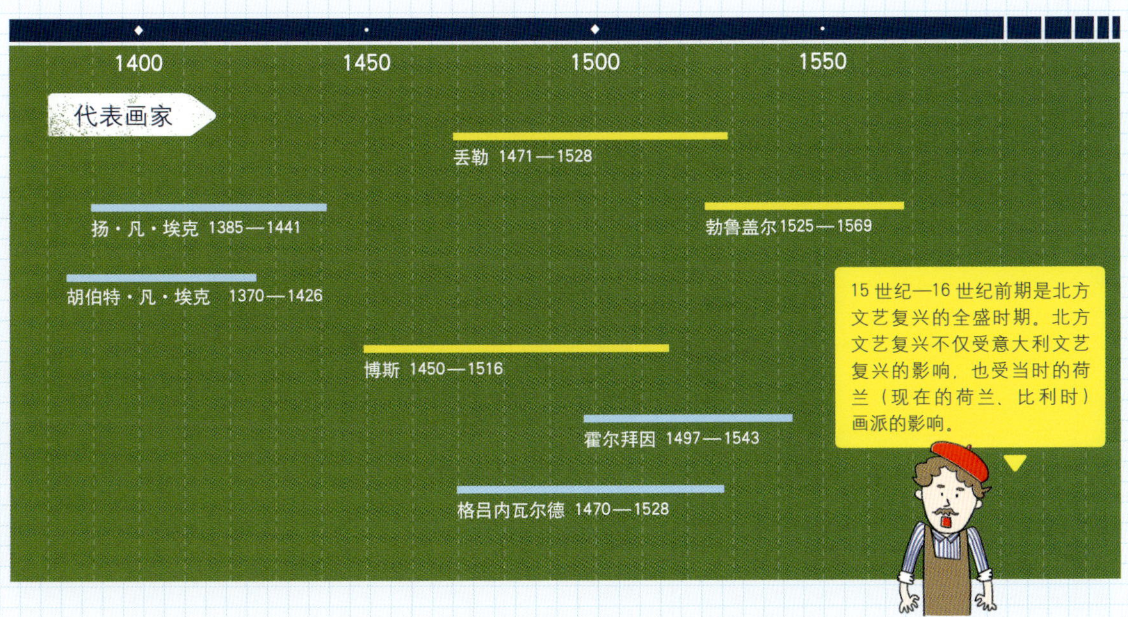

006

引领德国绘画新时代

阿尔布雷特·丢勒

Albrecht Dürer

1471—1528 年

> 艺术存于自然中。因此，谁能把它从中取出，谁就拥有了艺术。
> ——阿尔布雷特·丢勒

画家简介

生平

1471 年　5 月 21 日出生于德国纽伦堡。
1494 年　远赴意大利。1505 年，第二次访意。
1514 年　绘画《忧郁Ⅰ》。
1528 年　4 月 6 日在纽伦堡逝世。

代表作

《自画像》1500 年
《玫瑰花环节的源起》1506 年
《忧郁Ⅰ》1514 年

汲取文艺复兴文化为德国带来全新的风格

23 岁的丢勒，认为应该学习意大利文艺复兴的全新潮流，于是开始了第一次意大利之旅。回到德国后，虽在纽伦堡创建了画室，但他的作品里版画与其他绘画占有同等重要的位置。丢勒细腻、精致的版画在国内外受到了高度好评。在他第二次去意大利旅行时，这些版画还受到了威尼斯画家们的追捧。据说丢勒访问威尼斯期间，创作了《玫瑰花环节的源起》，其亮丽的色彩使人们叹为观止。

色调美丽的名画

画面中间是抱着婴儿基督的圣母玛利亚。右边是马克西米利安一世，左边是主教。他们分别被授予玫瑰冠。丢勒凭此作品名震意大利。

赏析要点

在绘画方面的用色被认为不如版画好的丢勒，因采用了威尼斯画派色彩明亮的“赋彩法”，从而改变了人们对他的偏见，在意大利得到了认可。

《玫瑰花环节的源起》（1506 年，木板油彩，162cm × 194.5cm）收藏于捷克布拉格国立美术馆

007

《通天塔》(1563年，木板油彩，114cm×155cm)收藏于维也纳艺术史博物馆

画家一族的开创者 彼得·勃鲁盖尔

Pieter Bruegel

1525—1569年

赏析要点

这是《创世纪》里的通天塔。勃鲁盖尔非常细致地描绘了这个高度穿透云层的塔。视角就好像从悬崖上眺望正在施工中的塔一样。

风俗画之后形成了独特的风景画

在佛兰德[①]，经常有画家创作以肖像画和宗教画为主题的绘画。在这样的潮流中，重视自然风景和风俗的作品开始出现，并成为一种新的绘画题材。虽然勃鲁盖尔和博斯一样，创作了许多超现实的怪诞作品，但为了顺应时代潮流，他逐渐以自然风景为主题，并创作出了《月历画系列作》等名作。

008

描绘怪诞的教训画 希罗尼穆斯·博斯

Hieronymus Bosch

1450—1516年

《愚者之船》(1490—1500年，木板油彩，57.8cm×32.5cm)收藏于巴黎卢浮宫

讽刺现实，被谜团包围的画家

博斯的出生地斯海尔托亨博斯自古因狂欢节而出名。博斯也留下了以狂欢节为主题的作品。《七宗罪和最终四事》描绘了社会各个阶层的人。其中，贪婪的人们被描绘成唯利是图的法官，这其实是对有过违法行为的法官的讽刺。博斯用绘画来批判、讽刺这种特定身份和阶层的人。

赏析要点

从这部作品可以看出，博斯对试图用嘴咬东西的人和在呕吐的人进行了讽刺，博斯对有过贪食及色欲等愚蠢行为的修道士和修女也进行了谴责。

① 佛兰德现为比利时西部的一个地区，古时的佛兰德国包括今比利时的东佛兰德省和西佛兰德省、法国的加来海峡省和北方省、荷兰的泽兰省。——译者注

专栏 ②

17 世纪佛兰德和荷兰的绘画

1568 年，曾是哈布斯堡家族领地的尼德兰地区爆发了荷兰独立战争。

虽然此战争因 1648 年的《威斯特伐利亚和约》而停止，但战争期间，尼德兰分裂成了北尼德兰（由于荷兰省变成了中心，荷兰就成了通称）和南尼德兰（大致和佛兰德一样）两部分。

16 世纪末，以天主教为主流宗教的南尼德兰仍处在宗主国西班牙的哈布斯堡家族的统治下。与此相对，加尔文派占绝大多数的北尼德兰作为尼德兰联省共和国（由于荷兰省的经济和政治地位最重要，故又称 " 荷兰共和国 "）独立出来了。

分裂成南北两部分的尼德兰，因此也孕育了个性不同的美术学派。

期间，在以天主教为主流宗教的南尼德兰，哈布斯堡家族的总督在布鲁塞尔修建了宫殿。以鲁本斯为代表的宫廷画家们，要为教会绘制祭坛画和装饰宫廷的巨幅绘画。另外，风景画、风俗画及花卉画也开始流行起来。

与之相对，在荷兰掌握主导权的是加尔文派的市井民众们。

在讴歌经济繁荣的荷兰，开始出现以市井民众为受众群体，迎合他们的喜好，以现实为主调创作的绘画。

以画集体肖像画的伦勃朗、画肖像画的弗兰斯·哈尔斯、画风俗画的维米尔与奥斯塔德、画静物画的德·赫姆等许多画家为代表，以阿姆斯特丹、代尔夫特和哈勒姆等城市为中心，积极开展活动。因此，诞生了被称为“黄金时代”的荷兰绘画的全盛时期。

艺术历史：
巴洛克风格

从唯美的风格向繁杂多样的风格转变

矫饰主义／巴洛克风格

16 世纪—18 世纪前期

源自意大利的全新表现手法

16 世纪中期流行的矫饰主义起着从文艺复兴过渡到巴洛克风格的桥梁作用。与文艺复兴所追求的古典、均衡、对称及和谐的构图相比，矫饰主义的特征则是像埃尔·格列柯的作品一样，使用优美、柔和的曲线，刻意扭曲人物。

继矫饰主义之后，16 世纪末在意大利登场的美术风格是巴洛克风格。这个词源自葡萄牙语（BARROCO，意为“变形的珍珠”）。巴洛克风格的特点是人物动作夸张、装饰繁复，善于运用光影对比和戏剧性的效果营造宏伟的场景。

到了 17 世纪，这股潮流从意大利扩展到西班牙、荷兰、佛兰德等欧洲各国。在各个地方，巴洛克风格又取得了独特的发展，伦勃朗、佛美尔和鲁本斯等画家相继登场。

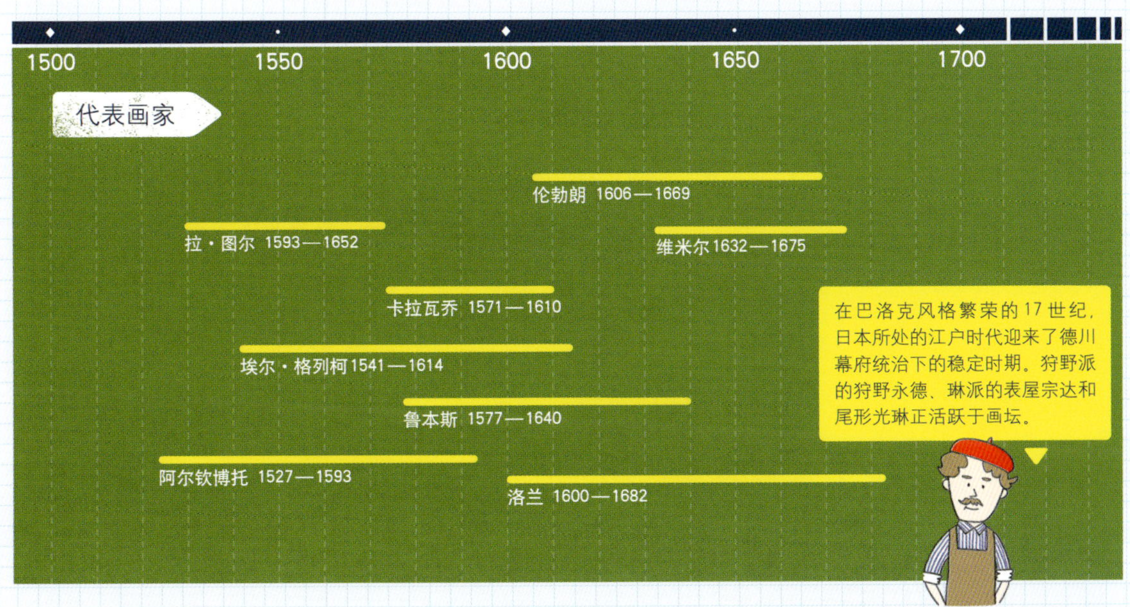

009

戏剧性地处理光与影

伦勃朗·哈尔曼松·凡·莱因

Rembrandt Harmenszoon Van Rijn

1606—1669年

知识要去实践。那样的话，不知道的东西、不得不学的东西就自然而然地明白了。
——伦勃朗·哈尔曼松·凡·莱因

一生都在画自画像的大家

17世纪，荷兰市民开始追求象征着财富和名誉的自画像。其中公会（行业协会）的集体肖像画是画家们的一大收入来源。

伦勃朗的杰作《夜巡》就是受阿姆斯特丹的火绳枪手公会的委托而创作的。与以往一字排开、类似于纪念照的构图不同，《夜巡》明暗对比鲜明，戏剧性地描绘了武装过的市民，因而受到了高度评价。

出生于荷兰西部莱顿一户富裕家庭的伦勃朗，在1625年前后，开始了他的绘画事业。这期间，他把仅凭借高超技术而无法完成的历史画作为最重要课题，并投身于创作。1631年，伦勃朗移居到阿姆斯特丹。拥有众多弟子且经营着画室的伦勃朗，作为画家大获成功。

但是创作了代表作《夜巡》的1642年似乎是伦勃朗人生的一个分水岭，自此之后他光鲜的人生变得暗淡。这一年，他的妻子莎斯姬娅去世，肖像画的订单也骤减，再加上伦勃朗天生爱挥霍，到了晚年时债台高筑。1669年，伦勃朗的儿子去世，他不走运的晚年也在这一年结束了。

没有一位画家像伦勃朗一样留下如此多的自画像。表达人类情感的脸，对于画家来说是最亲近的主题。伦勃朗一生都在审视自己，描绘内心深处的自己。

画家简介

生平

1606年　7月15日出生于荷兰莱顿。
1624年　师从历史画家彼得·拉斯特曼。
1625年　开始绘画事业，在莱顿和扬·利文斯一起创立了画室。
1642年　创作代表作《夜巡》，同年妻子莎斯姬娅因病去世。
1669年　10月4日逝世。

代表作

《杜普教授的解剖课》1632年
《夜巡》1642年

明暗表现法的代表作

这幅绘制在薄铜板上的作品在1922年的“泰西名画展览会”上被公开。这幅作品的暗处描绘了人们聚到一起聊天的场景，左下方描绘了围着光源而坐的人们，虽然画面里看不到光源，但可以推测那是取暖用的火炉；另外，左边靠里面描绘了一群人围着蜡烛而坐的场景。像这样由多处光源制造的光与影的对比，营造了戏剧性的场面。照射在正中央身着盔甲的人物身上而反射出来的光，通过“厚涂技法”（将颜料涂厚的技法），变得更加耀眼，随着周围颜色变暗的同时，完美地呈现了金属的质感。

《取材于圣经或民间故事的某夜情景》（1626—1628 年，油彩 · 铜版，22.1cm × 17.1cm），收藏于石桥财团普利司通美术馆

赏析要点

伦勃朗的许多作品跟这部作品一样，暗化周围，将光线投在画面中间的人物身上。这种技法叫作“明暗法”，是巴洛克风格典型的技法之一，用来突出主题。

小知识

招致争议的画作与《夜巡》的真相

在《夜巡》这部作品里，委托者火绳枪手公会队员们的脸或被遮住，或有阴影，而光线集中在无关的少女身上。起初，队员们对这点表示不满，批判伦勃朗自以为是。但是顺着少女的腰下滑的“鸡爪”和荷兰语的“火绳枪手”发音相似，所以“鸡爪”被认为是火绳枪手的象征。这也是表达伦勃朗画作意图不可欠缺的主题。

010

17 世纪荷兰的绘画大师

约翰内斯·维米尔

Johannes Vermeer

1632—1675 年

> 若能在画室欣赏维米尔作画，即便仅有十分钟，让我失去右手也愿意。
> ——萨尔瓦多·达利

画家简介

生平

1632 年　出生在荷兰的代尔夫特。
1653 年　在圣路加公会登记，招收学徒，成为独立画家。
1657 年　遇到了一生最大的客户，代尔夫特的酿造家凡·莱芬。
1675 年　12 月 15 日在代尔夫特逝世。

代表作

《花边女工》1656 年
《倒牛奶的女仆》1658—1660 年
《窗前读信的少女（蓝衣少女）》1663 年前后
《戴珍珠耳环的少女》1665 年前后

兼具写实和抒情，追求完美的构图

维米尔与伦勃朗（详见第 024 页）并称为 17 世纪荷兰的绘画大师，但是他被这么认为是 19 世纪后期的事情。维米尔目前传世的画作仅 30 多幅，因此有人认为他是低产的画家。

1632 年，维米尔出生于荷兰的代尔夫特。其父亲经营旅馆和画廊，同时也是一名装饰丝绸手工艺人。1653 年，维米尔在圣路加公会登记，招收学徒，开始走上独立画家的道路。以叙事画起家的维米尔，之后又投身市场需求更大的风俗画。精湛的构图、细腻的笔触、寂静的光影、室内空间等要素都是他的风俗画的特点。

在维米尔的作品里能看到一种名为“维米尔之蓝”的美丽蓝色。这是使用了当时与黄金同价的青金石为原料制作而成的群青颜料。从使用群青颜料这点来看，维米尔估计是一名富有的画家。

维米尔大部分的风俗画都是使用透视法创作的室内画。另外，他非常细腻地描绘了投射到室内的光线。他用白色明亮的小点描绘反射到金属上面的光线。这种技法被称作“点缀法”，被之后爱戴维米尔的达利（详见第 164 页）采用。

所谓画家的绘画理想

这幅描绘了画室里的画家和模特儿的作品被视为维米尔的杰作之一。光影、坐在画架前以背部示人的画家的头发、凌乱的服装，以及画面前方窗帘的自然褶皱都画得非常有质感。头戴桂冠的女模特，右手拿着小号，左手抱着厚厚的书本，打扮成古代女神克里欧的样子，而画家穿的也是复古的衣服。这幅画不仅描绘了日常生活，它更像是维米尔为其所取的名字《绘画艺术的寓意（画家的画室）》一样，可以说是一幅以寓言的形式追求绘画理想的精神自画像。

《绘画艺术的寓意（画家的画室）》（1660 年前后，布面油彩，130cm×110cm）收藏于维也纳美术史美术馆

赏析要点

从作品巧妙地使用了表现远近感的"透视法"来推断，维米尔使用了相机暗箱（在密封箱子的某一面开一个小洞，箱外景物透过小孔在对面的箱内壁上形成颠倒影像）。可以细致地欣赏维米尔倾其所能创作的充满爱的作品。

小 知 识

在 19 世纪的法国备受关注

维米尔不管是作为商人还是画家，都可以说是顺风顺水的。1672 年，荷兰和法国、意大利之间爆发战争，荷兰的经济也因此衰退，同时世人对绘画的热情逐渐减退，维米尔也放下了画笔。虽然从那之后就被世人遗忘，但到了 19 世纪，维米尔在法国又重新受到关注，梵高和达利等大师也曾高度赞扬他。

011

有效使用光影，具有崇高精神性的宗教画

乔治·德·拉·图尔

Georges de La Tour

1593—1652年

※ 没留下一张自画像的画家

赏析要点

本作品以耶稣十二门徒之一的圣托马斯为主题，出色地描写了被称为“不虔诚的托马斯”的基督教徒生性多疑、顽固的性格。欣赏画作时请注意圣托马斯的表情和动作。

《圣托马斯》（1616–1625年，布面油彩，64.6cm×53.9cm）收藏于日本东京国立西洋美术馆

被谜团包围的人生和作品

16世纪，拉·图尔出生在法国洛林地区南希近郊一个名叫吕内维尔的小镇上。在那度过一生的拉·图尔，死后很快被世人遗忘，直到20世纪，他的作品又重新被发掘。创作过许多以烛光为光源的神秘作品，被称为“夜晚画家”的拉·图尔，据说留下了400多幅画作，然而传世的仅有40幅左右。

012

用戏剧性的明暗效果绘制杰作

米开朗琪罗·梅里西·达·卡拉瓦乔

Michelangelo Merisi da Caravaggio

1571—1610年

赏析要点

本作品是位于圣路易·德·弗朗西斯教堂的圣马太生平系列作品之一。通过明暗突出作品的戏剧性效果，是卡拉瓦乔的鲜明风格，这幅画被认为是卡拉瓦乔的杰作之一。

《圣马太蒙召》（1589–1601年，布面油彩，322cm×340cm）收藏于罗马圣路易·德·弗朗西斯教堂康塔列里礼拜堂

跌宕起伏的戏剧性人生

卡拉瓦乔出生在米兰的近郊。他在米兰跟西蒙·彼得查诺学习绘画，1593年前后去了罗马，并得到红衣主教德尔蒙特等人的赏识，开始绘制风俗画、静物画和宗教画。然而卡拉瓦乔的私生活非常混乱，1606年末，因与朋友发生口角，他将对方杀害。之后，卡拉瓦乔便开始了在西西里岛等地一边流浪、一边创作的生活。后来由于拥护者的帮忙，卡拉瓦乔有希望获得赦免，然而在返回罗马的途中因病去世。

佛兰德孕育的巴洛克美术大家

彼得·保罗·鲁本斯

Peter Paul Rubens

1577—1640年

赏析要点

画中的女子是丰饶的象征。她膝盖上放置的盛满果实的丰饶角象征着大自然的恩泽，脚下的钱包象征财富。

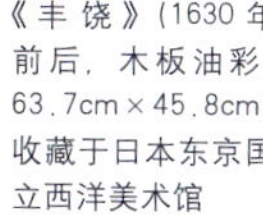

《丰饶》(1630年前后，木板油彩，63.7cm×45.8cm) 收藏于日本东京国立西洋美术馆

追求多变的动作和丰富的光影空间

17世纪佛兰德的画家，巴洛克美术的代表人物鲁本斯于1577年出生在德国锡根，后移居安特卫普，开始学习绘画。在此之后，年纪轻轻的鲁本斯便成了意大利曼托瓦公爵温琴佐·贡扎加的宫廷画家。之后，作为拥有大画室的成功画家，鲁本斯开始以外交官的身份活跃于世界舞台。

最大限度地利用太阳光

克洛德·洛兰

Claude Lorrain

1600—1682年

《萨梯和女神的舞蹈》(1646年，布面油彩，98cm×125cm) 收藏于日本东京国立西洋美术馆

影响透纳等人的风景画画家

洛兰，1600年出生于法国洛林的夏马尼，年幼时父母双亡。1613年左右，他流浪到罗马，跟随阿戈斯蒂诺·塔西学画。在罗马，他开始了作为画家的艺术生涯，并开展了丰富的艺术活动。洛兰捕捉光与空气的微妙区别的风景画，不仅影响了本国的画家，还深深地影响了后来的意大利画家透纳。

赏析要点

作品描绘了在牧羊神、宁芙女神和三名随从侍女面前跳舞嬉戏的萨梯和女神。该作品描绘了一个洋溢牧歌情调的神话世界，体现了洛兰表现光和空气的独特手法。

015

即兴创作的个性派

埃尔·格列柯

El Greco

1541—1614年

画家简介

生平

1541 年　出生在希腊克里特岛的坎地亚。
1567 年　到佛罗伦萨，学习佛罗伦萨画派。
1570 年　寄居到罗马的法尔内塞家。
1577 年　在腓力二世统治下的西班牙托莱多，创作了许多作品。
1614 年　在托莱多逝世。

代表作

《圣衣剥夺》1579 年
《奥尔加斯伯爵的葬礼》1586–1588 年

独特的笔法和神秘的光影效果

1541 年，格列柯出生于克里特岛。格列柯原名多米尼克斯·希奥托科普罗斯，埃尔·格列柯是在意大利语的“希腊人”前加上西班牙语的男性冠词而来的。26 岁的格列柯来到佛罗伦萨，学习佛罗伦萨画派的绘画技法。1577 年，格列柯又移居到西班牙的托莱多，自那以后，托莱多就成了他活动的场所。在通过神秘的光影效果创作出来的独特的画面里，格列柯用这种奔放的笔法将人物拉得长长的，这种格列柯式的绘画风格独树一帜。

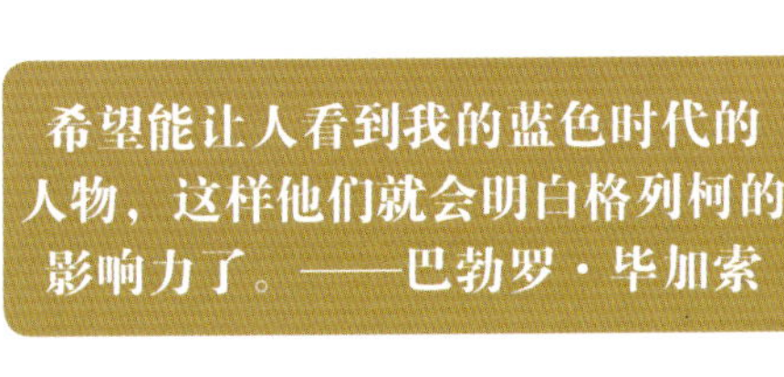

《十字架上的基督》(1610–1614 年，布面油画，95.5cm×61.0cm)
收藏于日本东京国立西洋美术馆

被拉长的优雅的倒 S 曲线

基督是格列柯一生的绘画主题，这幅《十字架上的基督》也是反复修改创作而成的。由于背景里山丘上的修道院是腓力二世修建的，所以有人指出没有参加修道院装潢工程的格列柯是被腓力二世冷落了。

赏析要点

这幅作品以乌云为背景，描绘了被绑在十字架上的基督，略带银色的色调及被拉长的人物等都是埃尔·格列柯绘画的显著特点。基督的头顶上，有用希伯来语、希腊语、拉丁语写着的“犹太的王，拿撒勒的基督”的铭文。

阿尔钦博托在我的圣人神殿里永远拥有一席之地。
——朱塞佩·阿尔钦博托

016

超现实主义者们也关注的怪异的肖像画家

朱塞佩·阿尔钦博托

Giuseppe Arcimboldo

1527—1593年

画家简介

生平

1527 年前后	出生于意大利米兰的一个绘画家族。
1549 年	开始画彩绘玻璃的画稿。
1558 年	着手绘制米兰大教堂、科莫大教堂的挂毯。
1562 年	成为神圣罗马帝国皇帝斐迪南一世的宫廷画师，之后又相继侍奉马克西米利安二世和鲁道夫二世。
1593 年	在米兰病逝。

代表作

系列作《四大元素》1566 年

系列作《春·夏·秋·冬》1573 年

在 20 世纪被重新评价的怪诞肖像画

在米兰开始绘画事业的阿尔钦博托移居到布拉格后，先后成为神圣罗马帝国皇帝斐迪南一世、马克西米利安二世、鲁道夫二世的宫廷御用画师。他擅长用动物和植物等堆砌成独特、有寓意且有象征性的人物，他的作品大获好评。同时他还积极参与宫廷的演出活动。另外，作为美术工艺品交易的咨询师，他得到了优厚的待遇。阿尔钦博托得到皇帝的许可，即使回到米兰后，也可以继续创作。在 1592 年他获得了贵族头衔。1593 年，阿尔钦博托在家乡病逝。

《服务员》（1574 年，布面油彩，88cm × 67cm）
收藏于大阪新美术馆建设准备室

留在日本的唯一一幅肖像画

《服务员》是一幅采用"错视画法"创作而成的怪诞的肖像画。这是一幅深刻影响后世超现实主义画家们的肖像画，其手法独特，值得欣赏。

赏析要点

阿尔钦博托的技法"错视画法"，由蔬菜、水果、植物和海鲜等主题堆砌而成。仔细品味画中的每个主题后，再全面地欣赏画作，更有韵味。

专栏 3

画家与顾客的关系

“顾客”一词在广义上是指经济上的后援者，其历史要追溯到古罗马时代。

最初，“顾客”专指罗马帝国时期支援当时的文学家和艺术家的政治家梅塞纳斯。“梅塞纳”一词（在法语里意为“艺术的庇护者”）就源自他的名字。

顾客和画家的关系在西方美术发展史上极为重要。如今被视为名作的绘画作品，当初如果没有顾客的支持，或许就不会诞生。

顾客和画家的关系并非一成不变，而是随着时代的变化而变化。一般市民作为顾客登场是在17世纪以后，而在此之前，支持艺术家们的是王公贵族。

在当时，画家的主要工作是装饰宫殿和教堂，以及绘制壁画和祭坛画。对于王公贵族来说，拥有技艺超群的艺术家，是一件值得骄傲的事情。

从文艺复兴开始，画家们才开始意识到自己是艺术家而非工匠。

佛罗伦萨的美第奇家族和罗马教皇主要是想借用艺术的力量来确立自己的权威和美化自己的形象。然而，意大利文艺复兴时期的画家和雕塑家们，在完成君主委托制作作品的同时，也形成了自己的独特风格。

为神圣罗马帝国的马克西米利安一世留下诸多作品的丢勒和同样为神圣罗马帝国的查理五世留下肖像画的提香就是其中典型的代表人物。

到了巴洛克时代，还出现了像贝拉斯克斯和鲁本斯那样作为朝臣参与外交活动的画家。

另一方面，17世纪的荷兰，在贸易经济繁荣的背景下，追求美术作品的富裕市民开始显著变多。

17世纪以后，公共性质的机关通过各种形式对艺术家伸出支援之手。

另外，到19世纪以后，画商开始支援前卫、有才华且有前途的画家。

艺术历史：
洛可可风格

喜好曲线的典雅装饰风格

洛可可风格

18 世纪

西方美术中心向法国转移

从文艺复兴时期到巴洛克时代，欧洲美术主要是以意大利、佛兰德和荷兰等为中心发展。到 17 世纪末为止，意大利美术的中心地位无人可以撼动。但随后，欧洲美术中心逐渐转移到了法国。完成了封建制，国力充实的法国，诞生了洛可可风格艺术，这种美术风格深刻地影响了西欧。

从大方向看，18 世纪是欧洲美术从洛可可风格到新古典主义过渡的时期。在此期间，最具代表性的画家是 1700 年前后出生的法国画家们。

“洛可可”一词源自以混合贝壳和植物为特点的“贝壳工艺”。洛可可风格以色彩明快、强调不对称和线条婉转为主要特征，在路易十五时迎来了全盛时期。

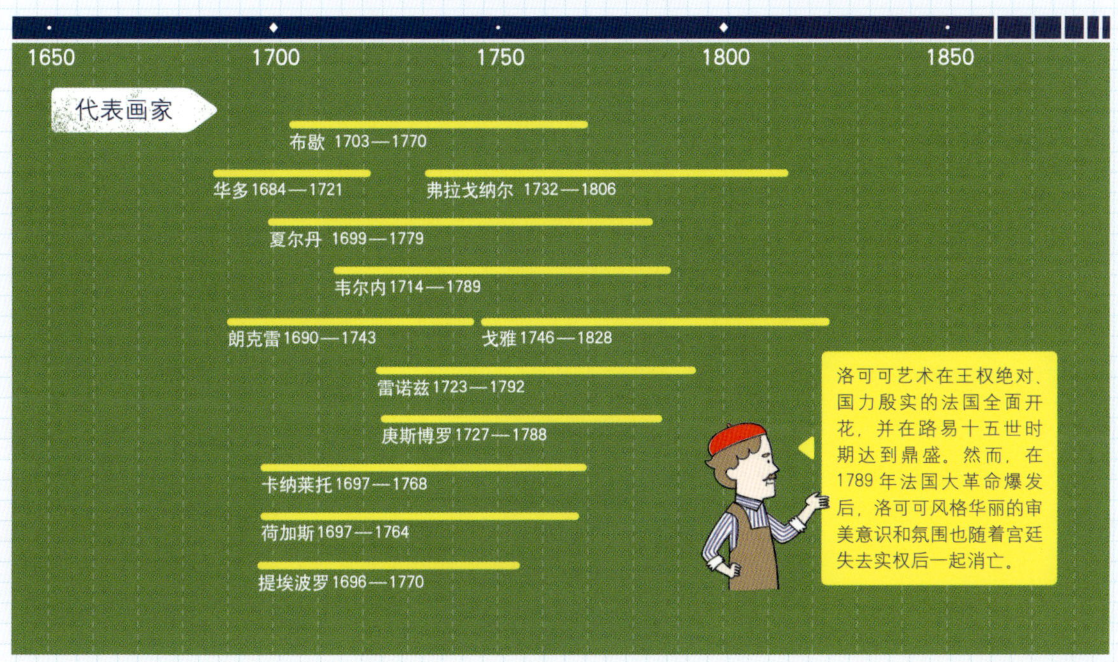

017

想认真学习米开朗琪罗和拉斐尔，却迷失自我。
——弗朗索瓦·布歇

洛可可风格的代表人物，描绘优雅、甜美的风俗画和神话画

弗朗索瓦·布歇

Francois Boucher

1703—1770年

画家简介

生平

1703年	出生于法国巴黎。
1720年前后	师从当时的人气画家弗朗索瓦·勒穆瓦纳。之后，在版画家卡尔的画室从事画稿制作。
1755年	就任国立戈布兰壁毯工厂监督。
1765年	成为路易十五的首席宫廷画师，同年就任皇家美术学院院长。
1768年	辞去皇家美术学院院长职务。
1770年	在卢浮宫中自己的画室里去世。

代表作

《维纳斯的凯旋》1740年
《狄安娜出浴》1742年

因“优雅的神话画”而风靡一代

在洛可可美术中，起主导作用的是18世纪初出生的，被称为“18世纪画家”的画家们。其中的代表人物是成为皇家美术学院院长的布歇。布歇的神话画不是庄严、严肃的，而是采用美丽的色彩勾勒出甜美裸妇的“优雅神话画”，这种风格的绘画获得了许多人的青睐。从由田园诗中获得灵感的牧歌情调的风景画到描绘富裕阶层市井生活的风俗画，再到后来担任国立戈布兰壁毯工厂监督期间的挂毯画，布歇留下了许多作品。

布歇画笔下牧歌情调的风景

将食指放在唇边的男子，意味深长地盯着面带微笑、单手拿情书的女性。在悠闲的田野风景里，飘荡着一股“偷窥”的气息。

赏析要点

这幅作品是为路易十五的情妇蓬帕杜侯爵夫人定制的，被挂在夫人的贝尔维尤城堡里。画面中泛红的水面和天空营造出深深的忧郁，左边的红花给画面增添了一抹亮色。

《恋文》（1745年，布面油彩，116.9cm×148.5cm）收藏于山崎马扎克美术馆

《夏天的树荫》(1715 年前后，布面油彩，238cm × 336cm)
收藏于山崎马扎克美术馆

018

开创了雅宴画的法国绘画之父

让·安东尼·华多

Jean Antoine Watteau

1684—1721 年

赏析要点

阳光下辛勤劳作的农夫们和树荫下相互倾诉爱意的年轻男女，他们的衣着是当时的舞台风格，这幅画是典型的华多风格。

命薄的画家所绘制的优雅、华丽的世界

被誉为“法国绘画之父”的华多，1684 年出生于法国北部的瓦兰希恩。1702 年，华多到巴黎学习舞台装饰和服饰等。1717 年，因学院入会作品《西泰尔岛的巡礼》，华多开辟了用细腻的色调和优雅的氛围描绘上流社会风俗的绘画新领域——雅宴画。

019

装饰了晚期洛可可美术的重要画家

让·奥诺雷·弗拉戈纳尔

Jean Honore Fragonard

1732—1806 年

《下坡的羊群》(1763—1765 年，布面油彩，52cm × 73cm)
收藏于日本东京国立西洋美术馆

布歇的得意门生、洛可可风格画家

出生于法国南部格拉塞的弗拉戈纳尔，在巴黎跟随布歇学画之后，又在罗马受到提埃波罗等画家的指导。回国后，其因向国立美术学院提交了作品《科雷丝和卡利罗埃》而成为准会员，并在沙龙大获成功。之后，他相继走访荷兰和意大利等地，画风也变得精炼而独特。

赏析要点

以甜美的风俗画等闻名的弗拉戈纳尔留下了许多表现其优秀的自然观察能力的风景画。这幅作品是弗拉戈纳尔到意大利留学之后，描绘当地风景的一幅画作。在这幅画中，可以感受到当时流行的荷兰风景画的要素。

色彩固然重要，但绘画要有感情。
——让·西梅翁·夏尔丹

020

朴实地描绘日常生活情景

让·西梅翁·夏尔丹

Jean-Simeon Chardin

1699—1779年

画家简介

生平

1699 年	11 月 2 日出生于法国巴黎。
1728 年	静物画《鳐鱼》在青年美术家画展展出，同年成为美术学院的会员。
1730—1740 年	创作画面平易、朴实，捕捉日常生活场景的风俗画。
1750 年	再次投身静物画，晚年也创作粉彩画。
1779 年	12 月 6 日在巴黎逝世。

代表作

《鳐鱼》
《午餐前的祈祷》

以 18 世纪市井生活为主题的静物画和风俗画

夏尔丹用冷静、朴素的构图法描绘日常生活之静物。他所创作出来的作品与同时代的洛可可风格迥然不同。1728 年，夏尔丹的静物画《鳐鱼》在青年美术家画展上展出，受到法国皇家绘画和雕塑学院的认可。同年，他意外地成为美术学院的正式会员。之后，夏尔丹主要以孩子和日常生活中的人物为主题进行创作。晚年时，他又再次将目光转向静物画，留下了《鞋垫》等构图稳定、表达细腻的杰作。

夏尔丹擅长的静物画

这幅画描述了放置在厨房一角的猎物兔子、猎物袋和火药盒。夏尔丹以厨房用具等日常生活用品为题材，创作了许多作品，他开辟了用厚涂颜料绘制静物画的新大门。

《兔子、猎物袋和火药盒》（1763 年，布面油彩，34.2cm × 60.4cm）收藏于山崎马扎克美术馆

赏析要点

兔子是夏尔丹喜爱的绘画题材之一。只有夏尔丹的厚涂颜料，才能出色地绘制出兔子柔软的胸毛与厚硬的毛之间的区别，以及使用得泛旧的猎物袋所具有的光泽和明暗光线。

《夏日傍晚，意大利风景》（1773 年，布面油彩，89cm × 133cm）
收藏于日本东京国立西洋美术馆

021

18 世纪法国的代表风景画家

克洛德·约瑟夫·韦尔内

Claude-Joseph Vernet

1714—1789年

赏析要点

韦尔内这幅作品，采用了画家普遍偏爱的多重画面表现一日时间变化的画法。细致的自然观察力是法国风景画的传统，影响了后来的巴比松画派等。

法国风景画的先驱

在法国，风景画定型是在 19 世纪前期、巴比松画派登场以后。往前可以追溯到 18 世纪从事现实主义风景画的法国画家韦尔内。韦尔内创作的风景画大多是以日出、日落、暴风雨和遇难船只等为主题的海景画。以波涛汹涌的大海为主题创作出来的戏剧性风景画也预示了后起的浪漫派绘画。

022

受华多的影响，继承了雅宴画

尼古拉斯·朗克雷

Nicolas Lancret

1690—1743年

《沉睡的牧羊女》（1730 年，布面油彩，椭圆形，71.0cm × 84.5cm）收藏于日本东京国立西洋美术馆

洛可可美术孕育的优秀画家

在皇家艺术学院学习了基础绘画的朗克雷成为了该学院的会员，他继承华多（详见第 035 页）开辟的雅宴画，并确立了自己的画家地位。与华多创作的多变与梦幻诗般的作品相比，朗克雷的作品充满了明朗的现实感和生机。

赏析要点

这幅作品曾摆设在路易十五统治时期的公安长官让·布伦的沙龙上，是一幅以在田野里嬉戏的一对俊美男女为主题的典型的雅宴画。

023

画坛的巨匠，肖像画的名人

乔舒亚·雷诺兹

Joshua Reynolds

1723—1792年

画家简介

生平

1723 年 出生于意大利东南部德文郡州。
1740 年 在伦敦跟随人气肖像画画家托马斯·哈德逊习画。
1755 年 一年有100 幅以上的肖像画订单。
1768 年 出任英国皇家美术学院的首位院长。
1792 年 逝世于伦敦，安葬于圣保罗大教堂。

代表作

《爱德华·霍顿·克拉顿的孩子们》1759—1762 年
《邦伯里小姐为三美神而牺牲》1765 年

提倡庄严风格的意大利绘画之父

在强调意大利美术庄严风格（Ground Manner）的重要性、将意大利的绘画提升至国际水平方面，雷诺兹功不可没。1768 年，创建英国皇家美术学院时，雷诺兹作为第一任院长，也为画家社会地位的提高作出了贡献。1749 年，雷诺兹赴罗马潜心研究意大利绘画。在之后的三年时间里，他向文艺复兴的巨匠学习，开辟了兼具庄严和亲切的古典主义风格。另外，他还通过历史道具等，创作了许多理想化的肖像画。

如果你拥有伟大的才能，那勤勉就会使你变得更锋芒四射。如果你的才能并不出众，那用勤勉补其不足吧！
——乔舒亚·雷诺兹

《第四代贺得勒斯伯爵罗伯特·达西的肖像》(1775 年，布面油彩，76.2cm×63.5cm) 收藏于日本东京国立西洋美术馆

肖像画画家雷诺兹黄金时期的作品

这幅作品的创作年份为1775 年。画像中的主人公罗伯特·达西曾是一名外交官，历任各国大使，最后成为大臣。据传，他因看中了雷诺兹为其友人画的肖像画，然后委托雷诺兹为自己画肖像画。

赏析要点

这幅作品是雷诺兹中期的作品。乍一看是一幅朴素的肖像画，详细之处却证明了他出色的绘画技巧和表现力。作品对模特的描写生动、有力，是 18 世纪意大利肖像画艺术的上乘之作。

用风景孕育的细腻笔触绘制肖像画

托马斯·庚斯博罗

Thomas Gainsborough

1727 —1788年

赏析要点

细致地描绘了服饰、质地和头发的质感等，从中可以看出庚斯博罗作为肖像画画家的技艺高超之处。他的肖像画深受欢迎。

《奥斯夫人的肖像》（1767年，布面油彩，76.8cm×64.2cm）收藏于郡山市立美术馆

肖像画也受欢迎的风景画家

庚斯博罗出生于萨福克郡的乡村小镇萨德伯里。可以说，家乡萨福克的自然风景是他绘制风景画的起点。在肖像画方面，他也展现出了极高的天赋。据说，不断有上流社会的绅士与淑女来到他所在的巴斯画室定制肖像画。但是他一生最热爱的是1770年所创作的风景画《丰收的货车》。

绘制面向大众的、幽默十足的讽刺画

威廉·荷加斯

William Hogarth

1697—1764年

《塞缪尔·马丁的肖像》（1758—1760年前后，布面油彩，63cm×52.7cm）收藏于郡山市立美术馆

饱含温暖的眼神和尖锐的讽刺

出生在史密斯菲尔德的荷加斯，在学习银匠技艺和版画之后，成为英国画坛权威人物詹姆斯·桑希尔的得意门生。

荷加斯为上流社会绘制小型的肖像画和家族集体肖像画。另外，他还将目光投向生活在都市的人们，描绘他们的愚昧和可悲之处，创作出幽默滑稽、富含讽刺性的讽刺画。

赏析要点

模特塞缪尔·马丁是荷加斯的知己。画面生动地描绘了马丁紧闭的嘴唇和直视前方的眼睛。这是一幅出色地传达出模特可靠的人品和英姿的肖像画。

026

《能看到主教碑文的城市》(1760—1768 年前后，蚀刻版，30cm × 30.2cm) 收藏于国立西洋美术馆

城市景观图的大家

卡纳莱托（乔凡尼·安东尼奥·康纳尔）

Canaletto（Giovanni Antonio Canal）

1697—1768 年

赏析要点

从这幅画中可以看到典型的卡纳莱托式的细腻色彩和明暗对比。这是一幅能让人感受到描写光线的绘画。蚀刻版线条明暗交错的时候，观赏者的视线会被吸引到画面中广阔的街景上。

在威尼斯描绘城市风光

卡纳莱托在威尼斯度过了一生中的大多数时光。他一直都在描绘威尼斯的景观，且致力于更好地表现城市的繁荣、气氛、光影与空气。卡纳莱托是住在威尼斯的意大利银行家兼画商，他为当时的重要顾客约翰·史密斯绘制了许多作品。之后，卡纳莱托在英国待了十年，创作了许多伦敦风景画和田园风景画。

027

威尼斯画派黄金时代的巅峰

乔凡尼·巴蒂斯塔·提埃波罗

Giovanni Battista Tiepolo

1696—1770

赏析要点

这幅作品是提埃波罗为威尼斯贵族皮萨尼家的天顶绘制的油画雏形，描绘了湛蓝的天空，略带金色的云彩逆行等，是一幅能看出提埃波罗在天顶装饰画方面众多特征的作品。

在欧洲各国留下装饰画

提埃波罗继承了威尼斯画派的传统，同时也吸收了时代潮流，留下了许多壁画和油画作品。此外，受寺院和宫殿室内装饰的委托，他在欧洲各地都留下了伟大的作品。1762 年，受西班牙国王卡洛斯三世邀请，提埃波罗开始装饰王宫等地。最后，他没能再次回到祖国就去世了。提埃波罗对戈雅（详见第 41 页）等人的影响很大。

《海军上将维托·比萨尼》(1743 年，布面油彩，椭圆形，41cm × 72cm) 收藏于日本东京国立西洋美术馆

画家简介

生平

1746 年　出生于西班牙东北部阿拉贡州萨拉戈萨市的福恩特托多司。在萨拉戈萨学习基础绘画，并在马德里的同乡师兄弗朗西斯科·巴耶乌的画室进修。

1770 年　在意大利学习壁画。

1773 年　与画家的弗朗西斯科·巴耶乌的妹妹霍塞法结婚。

1789 年　被任命为宫廷画师。

1792 年　因身染重病，丧失听力。

1819 年　在马德里的别墅里，制作了 14 幅的大作《黑色画》。

1828 年　逝世于波尔多。

代表作

《着衣的玛哈》

《吞食其子的农神》

028

近代绘画的鼻祖，西班牙画坛的巨匠

弗朗西斯科·何塞·德·戈雅·卢西恩特斯

Francisco José de Goya y Lucientes

1746—1828年

所谓绘画，就是意味着牺牲和决断。

——弗朗西斯科·何塞·德·戈雅·卢西恩特斯

西班牙绘画史上的巨匠

戈雅的画风最初受法国洛可可风格的影响，他移居到马德里后，在长达 16 年的时间里，制作了 63 幅挂毯原画。之后他成为圣费南多皇家美术学院会员，还被任命为宫廷御用画师。然而戈雅因身染重病而丧失了听力，这给他的画风带来了很大的变化。特别是晚年，他在马德里郊外的别墅创作了《黑色画》，画中怪诞、戏剧性的表现成为 20 世纪表现主义和超现实主义的源头，因而受到了高度的肯定。

《阿尔韦托·福斯特尔的肖像画》（1804 年前后，布面油彩，45.9cm × 37.5cm）收藏于三重县立美术馆

宫廷画家时代所创作的肖像画

画中人物阿尔韦托·福斯特尔是当时在宫廷里握有实权的戈多伊将军的部下。他非常满意戈雅为他绘制的寓意画，于是又委托戈雅为他绘制肖像画。

赏析要点

初看时，这幅画和一般的肖像画没什么区别，但画家戈雅观察事物冷静而透彻的眼睛仿佛能直击人的内心，看穿福斯特尔想要权力的野心和虚荣心。

全能天才发明的“远近法”

“远近法”是指在绘画和建筑构图等方面，使画面呈现远近感的表现手法。把在三维世界产生的远近感，展示在二维画面中的手法叫作“透视图法”，用这种手法创作的图画，叫作“透视图”。

制图法有“一点透视图法”“两点透视图法”和“三点透视图法”等，现在不仅应用于美术领域，还被广泛应用于建筑、动画和电脑图像等领域。

用数学理论解释“远近法”的是文艺复兴初期的人文主义学者兼建筑家莱昂·巴蒂斯塔·阿尔伯蒂。只有他才能让达·芬奇拱手相让“全能的天才”这一头衔。

阿尔伯蒂家族曾经是在佛罗伦萨经营银行的贵族豪商。但由于政治斗争失败，被流放到国外。而阿尔伯蒂就是在流亡地热那亚出生的。他先后在帕多瓦大学与博洛尼亚大学就学，后来成为了罗马教皇厅的书记官。

阿尔伯蒂精通数学、物理、天文、哲学、文学、音乐、绘画、雕塑和建筑等领域，甚至在体育方面也有出众的才能，是一位全能的天才。

他对西方美术史最大的贡献应该是在1435年出版了《绘画论》一书，书中用数学原理解释了“远近法”。

阿尔伯蒂将前辈画家根据经验使绘画呈现三维视觉效果的技术，上升到了普遍科学原理的层面。之后的众多画家，可以不分时代和国界去学习绘画理论，也是得益于他的这本著作。

除了绘画，阿尔伯蒂在建筑领域也有诸多建树。他的另一本《建筑论》，是耗费他一生心血编写而成的巨著。

到目前为止，阿尔伯蒂留下的为数不多的作品包括由他负责设计的佛罗伦萨圣堂的正面部分。建筑物对称、和谐的正面可以说展现了文艺复兴时期建筑几何学的和谐理念。

理性、严谨的古典回归

新古典主义

18 世纪后期—19 世纪前期

学习古代古典，追求造型的统一性

18 世纪中期，宫廷贵族式洛可可风格迎来了黄金期。这个时期，与洛可可风格截然不同的新古典主义也开始抬头。“新古典主义”风格是植根于对古希腊和古罗马时代古典主义规范的研究和合理主义美学，追求严格形态和构图的理想统一性造型的一个流派。

新古典主义出现的历史背景是，进入 18 世纪后，由于庞贝古城等古迹被发现，对希腊与中近东的调查旅行盛行，人们对古代古典的兴趣越发高涨。

以法国大革命为契机，人们对古典的兴趣与拿破仑对古罗马帝国的热爱相结合，就诞生了类似大卫的《加冕式》这样的巨作。

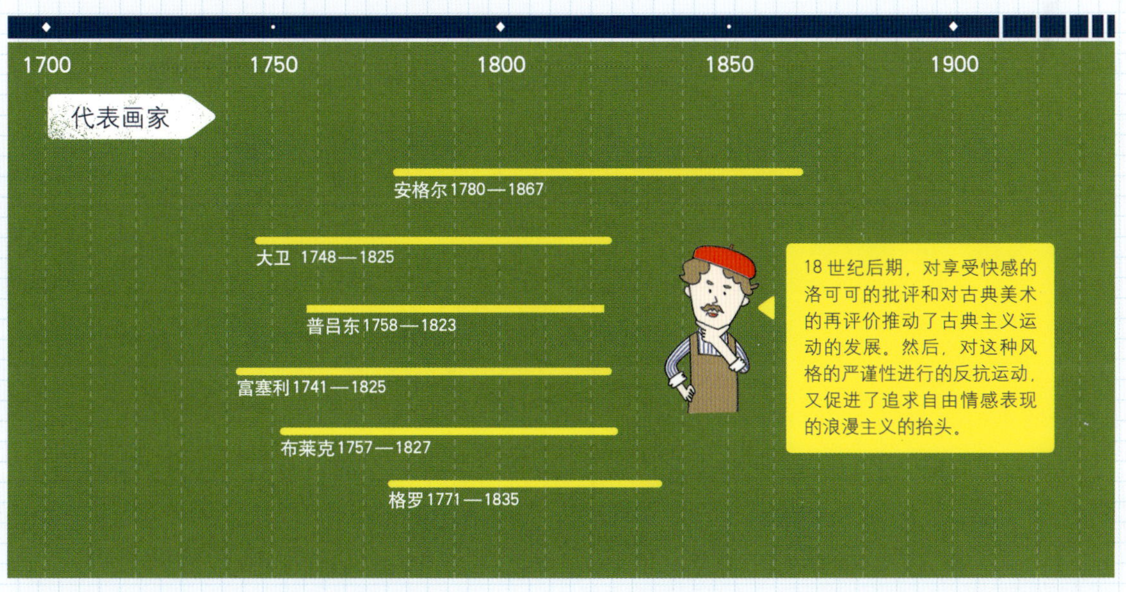

画家简介

生平

1780 年　8 月 29 日出生于法国蒙托班。
1797 年　在雅克·路易·大卫的画室学习。
1825 年　获得军团荣誉五等勋章。
1867 年　1 月 14 日因肺炎恶化，在巴黎逝世。

代表作

《路易十三的誓愿》1824 年
《泉》1856 年
《土耳其浴室》1863 年

029

追求自身理想的同时，促进新古典主义的繁盛

让·奥古斯特·多米尼克·安格尔

Jean Auguste Dominique Ingres

1780—1867 年

追求古典、革新的理想之美

安格尔是追求理想之美的画家。在画《大宫女》时，他出色地描绘出了女性的优美线条。而另一方面，也正如人们批评他将脊椎骨多画了三块、扭曲了身体一样，在沿袭古典主义的同时，安格尔还在描绘那种理想中的美。安格尔的画作在色彩和构图上也是一种革新。当时，曾给安格尔很低评价的美术学院为安格尔准备了学院正式会员的位置，将他作为对抗浪漫主义抬头的新古典主义重要人物。

艺术是由崇高的理想和高贵的热情孕育出来的。拿出精力和热情来！
——让·奥古斯特·多米尼克·安格尔

《年轻女子的头部》（制作年份不详，布面油彩，40.8cm × 32.3cm）
收藏于石桥财团普利司通美术馆

安格尔追求美的习作

《年轻女子的头部》是一部具有非凡魅力的作品。作品从斜下方的视角描绘了美丽少女肩部以上位置。

赏析要点

这幅作品是安格尔在意大利留学期间，以恋人罗拉·佐尔加为模特绘制的油画作品，从中能充分看出安格尔上底色（为了让画布更平整而上的底色）的技巧。这种技巧还被应用在安格尔的三大杰作《路易十三的誓愿》《黄金时代》《土耳其浴室》中。

030

用具有强烈政治色彩的作品打击君权

雅克·路易·大卫

Jacques-Louis David

1748—1825 年

子孙们哟，要为他报仇雪恨。你们要跟孩子们说，比起财富，更爱道德的马拉是不可能敛财的。

——雅克·路易·大卫

画家简介

生平

1748 年　8 月 30 日出生于法国巴黎。

1764 年　在约瑟夫·玛丽·维安的画室学习。

1774 年　获得罗马大奖。

1825 年　12 月 29 日在比利时布鲁塞尔逝世。

代表作

《苏格拉底之死》1787 年

《马拉之死》1793 年

《拿破仑加冕式》1805—1807 年

活跃在法国动荡时期的新古典主义重要人物

在动荡时期的法国，声名大噪的大卫在政治上与雅各宾派有所牵连，因此，他在马克西米连·罗伯斯庇尔（法国革命家，法国大革命时期重要的领袖人物，是雅各宾派政府的实际首脑之一）失势后，就被关进了监狱。留下许多拿破仑·波拿巴画像的大卫早期就跟拿破仑有私交。拿破仑即位后，他被任命为首席宫廷画师。大卫非常擅长画像《拿破仑加冕式》这样记录历史事件的作品，并且创作了许多大型作品。但是，在滑铁卢战役之后，他就逃亡到比利时的布鲁塞尔。1825 年大卫在布鲁塞尔去世，享年 77 岁。

《马拉之死》（1793 年，布面油彩，162cm × 125cm）收藏于比利时皇家美术馆

以独特的见解描绘革命家之死的杰作

作品描绘了被夏绿蒂·科黛暗杀的革命家让·保尔·马拉的身姿。画家并没有描绘革命家激烈惨死的画面，而是描绘了他力气用尽，在浴池中静静迎接死亡的场景。

赏析要点

除了这幅作品之外，大卫还有像《苏格拉底之死》《勒佩勒捷之死》等以死亡为主题的作品。这幅画重视规范的线条和严谨的画面构图，墙壁占据画面上半部分的大胆构图，非常秀逸。

画家简介

生平

1758 年 4 月 4 日出生于法国中东部勃艮第地区的克吕厄。
1784 年 获奖学金去罗马留学，深受柯勒乔的影响。
1788 年 回到巴黎。
1801 年 从这时候起，受拿破仑一世委托，绘制肖像画和室内装饰画，为皇后约瑟芬画了许多肖像画。
1823 年 2 月 16 日在巴黎逝世。

代表作

《安东尼夫人和孩子们的像》1796 年
《西风神劫走普塞克》1808 年
《"正义"与神圣的"复仇"追逐"罪恶"》1808 年

031

浪漫派先驱的新古典主义旗手

皮埃尔·保罗·普吕东

Pierre-Paul Prud'hon

1758—1823年

深受拿破仑一家喜欢的浪漫风格

普吕东是一位活跃于 18 世纪后期到 19 世纪初期、创作了许多写实风格画作的画家。他因作品充满抒情、感伤的氛围而声名大噪。普吕东受到拿破仑妻子约瑟芬的庇护，他不仅受约瑟芬委托画肖像画，还成了她的素描老师。在拿破仑与约瑟芬离婚后，普吕东依然受到新任皇后玛丽·路易丝重用，为她设计、装饰婚房。

《约瑟芬皇后像》（1805—1810 年，布面油彩，244cm × 179cm）收藏于卢浮宫美术馆

梦中女子，拿破仑皇后

这幅作品是普吕东在拿破仑即位后第二年创作的，以拿破仑与皇后约瑟芬生活过的城堡庭院为背景。普吕东以浪漫的笔调表现出了约瑟芬陷入沉思时的淡淡忧伤。

赏析要点

希望各位关注作品的色彩。画面中最吸引人眼球的是红色长披肩。作品具有艳丽的色彩和微妙的阴影，从这种色彩对比手法中可以看出普吕东发现精致美感的能力。

疲于人生，却还要被所剩无几的才能和本可以承受的批判声背叛。
——安东尼·让·格罗

为新古典主义献身的悲剧性画家

安东尼·让·格罗
Antoine-Jean Gros

1771—1835年

画家简介

生平

1771 年　出生在法国巴黎，为微型画家之子。
1785 年　14 岁时进入雅克·路易·大卫的画室学习绘画。
1801 年　《莱夫卡斯上的萨福》在沙龙（官方展览）展出。
1814 年　正式出任国王的肖像画家。
1816 年　成为学士院的成员，新古典主义的指导者。
1835 年　6 月 25 日投身塞纳河自杀。

代表作

《拿破仑视察雅法鼠疫医院》1804 年
《阿布基之战》1806 年
《拿破仑在埃罗战场》1808 年

自我了结的厄运天才

年幼时就展露绘画天赋的格罗，师从大卫（详见045 页）。他得到拿破仑的赏识，通过绘制像《拿破仑视察雅法鼠疫医院》这样的讴歌其丰功伟业的历史画，提高自己的画家地位。但在继承大卫画风的同时，在使用多彩的颜色等方面具有浪漫主义倾向的格罗，深感作为画家进退两难。最终，因深陷苦恼，他结束了自己的生命。

《拿破仑在埃劳战场》（1808 年，布面油彩，521cm × 784cm）收藏于卢浮宫美术馆

以宏伟的画面绘制的战争画

这一幅长达 8 米的呕心沥血之作，描绘的是 1807 年 2 月 9 日拿破仑率领的 5 万"大陆军"和宁格鲁将军率领的 8 万俄军进行激战的"埃劳战役"。

赏析要点

光线打在身骑金黄色骏马的拿破仑身上，配以背景里升起滚滚黑烟的黑色雪原的巧妙构图法得到了其老师大卫的真传。格罗擅长使用艳丽、多彩的颜色，其描绘的受伤的士兵和将领们的红色衣服让人印象深刻。

画家简介

生平

1741 年　2 月 7 日出生于瑞士苏黎世。
1764 年　赴英国伦敦。
1770 年　赴意大利研究古代和米开朗琪罗的作品等。
1780 年　回到伦敦，在英国的美术界和文化界声名鹊起。
1790 年　成为英国皇家美术学院的正式会员。
1799 年　就任英国皇家美术学院美术教授。
1825 年　5 月 17 日逝世。

代表作

《梦魇》1781 年
《牧羊人的梦》1793 年
《提泰妮娅的苏醒》1793—1794 年

033

拥有与众不同的经历，成为英国代表画家

约翰·海因里希·富塞利

Johann Heinrich Fuseli

1741—1825 年

自然真是可恶，
总使我焦躁不安。
——约翰·海因里希·富塞利

基于雕塑研究的细腻描写

出生于瑞士苏黎世的富塞利，不得不离开其参加过政治活动的瑞士，途经德国后，来到了英国。在英国，画家雷诺兹（详见第 038 页）发现了富塞利的绘画天赋，并劝导他做画家。于是富塞利前往意大利潜心研究古代和米开朗琪罗的作品。富塞利的作品因戏剧性且梦幻般地描绘恐怖和幻想而大受欢迎。晚年，富塞利被选为英国皇家美术学院教授，尔后又出任艺术馆馆长一职等，成为英国画坛的核心人物。

用独特的表现手法描绘复仇

这幅作品根据英国诗人德莱顿改编自薄伽丘《十日谈》《纳塔斯·佐·德利·诚信故事》的诗歌《西奥多和霍诺丽娅》创作而成。

赏析要点

这幅作品是富塞利的早期之作，是在其代表作《梦魇》问世两年后所创作的。讨厌画自然风景画的富塞利，喜欢以英国文学为题材进行创作，这幅作品就是其中的代表作之一。情节紧凑的结构和基于对古代雕塑研究的人体描画都非常精彩。

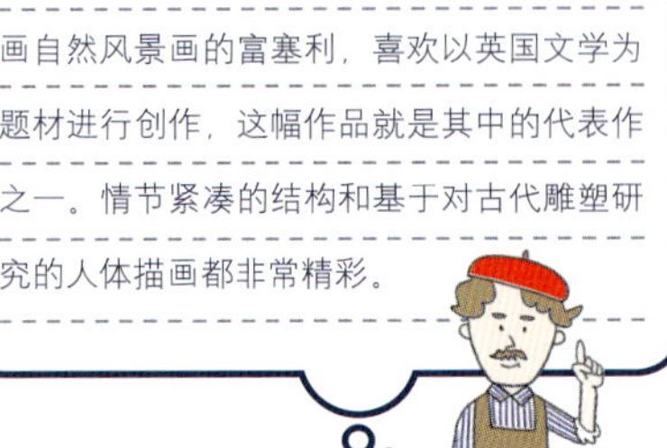

《西奥多在森林中遇见吉多·卡瓦尔康蒂的幽灵》（1783 年前后，布面油彩，276cm×317cm）收藏于日本东京国立西洋美术馆

034

拥有一张神秘诗人的脸，
浪漫主义的先驱

威廉·布莱克
William Blake

1757—1827年

画家简介

生平

1757年　11月28日 出生于英国伦敦一个袜商家庭。
1772年　师从雕版画家巴塞尔。
1778年　进入英国皇家美术学院学习，并开始版画创作工作。
1782年　与凯瑟琳·布歇结婚。
1824年　开始制作但丁的《神曲》。
1825年　发行《约伯之书》。
1827年　在伦敦逝世。

代表作

《纯真之歌》1789年
《经验之歌》1794年

象征性地表达自身的精神世界

据说布莱克从小就有幻觉。但是，不管是作为画家还是诗人，布莱克超群的才能都受到了别人高度的肯定。他将自己创作的诗集《纯真之歌》和《经验之歌》等用蚀刻铜版画的技术印制成书。

同时，关于圣经的《约伯之书》和但丁的《神曲》，他也制作了有独特见解的版画，构建了别具一格的绘画世界。他对后来的浪漫主义画家影响巨大。

《但丁 神曲：爱欲者的圈》（1826—1827年，雕塑版画、针刻，24.3cm×33.5cm）
收藏于日本东京国立西洋美术馆

未完成的遗作，7幅雕塑铜版画

布莱克晚年潜心于但丁《神曲》插图的制作。《神曲》讲述了但丁成为主人公，游历地狱、炼狱和天堂的宏伟故事。

赏析要点

这幅作品是使用一种叫“雕塑”的铜版画技法创作而成的。只有拥有高超版画技法的布莱克才能描绘出来的细部线条和生动构图，征服了观众。

美术学院发挥的作用

在中世纪的欧洲，存在着严格的工匠制度。画家和雕塑家在公开开展活动之前，必须要在公会（基尔特）登记成为工匠师傅。

因此，根据这种制度，一般人要跟随工作室的老师学习至少 4 年的基础知识。然后再作为助理，帮老师干活，且必须要完成一定额度的任务。只有这样，才有资格成为工匠师傅，被允许作为独当一面的画家和雕塑家，开展活动。

第一个试图打破这种中世纪的师徒制度的艺术家组织是 1563 年成立的佛罗伦萨美术学院。30 年后，在罗马也成立了圣卢卡艺术学院。这两所学校都明确地主张画家和雕塑家不是工匠，而是和音乐家、诗人等一样从事艺术活动的人。

16 世纪 80 年代，在博洛尼亚，著名的卡拉齐家族也开设了美术学院。但所有的学院都是讲远近法和解剖学，且将素描训练设置为基础课程。

1648 年，皇家绘画雕塑学院在法国成立，其主张将画家和雕塑家从师徒制度中解放出来。美术活动不仅需要工匠技术，还需要广泛的知识和知性。后来，路易十四成为皇家绘画雕塑学院的后盾，通过积极举行绘画理论的教育，定期举办沙龙（官方展览），甚至开展让优秀学员公费去意大利留学的“罗马大奖”等活动，法国成为欧洲首屈一指的美术发达国家。

到了 18 世纪，意大利开设了皇家美术学院。之后在那不勒斯、德累斯顿和哥本哈根等地相继出现了美术学院。

但随着时间的流逝，当初开办学院时的那种创造氛围渐渐地变淡，并且慢慢地质变成传统、固执、保守的制度。到了 19 世纪下半叶，美术学院成为满身陋习的学院化身和形式落后的存在，遭到了革新派艺术家们的唾弃，因此结束了它的使命。

艺术历史：
浪漫主义

戏剧性绘画的复活

浪漫主义

18 世纪末—19 世纪中期

强烈的色彩和律动，构图触人心弦

18 世纪末到 19 世纪，给欧洲大变革带来原动力的是法国大革命和英国工业革命。在美术领域也出现了与以往不同的新思潮和价值观。

在新世纪初期成为近代西欧美术先驱的“浪漫主义”美术，虽然曾被认为是新古典主义的对立派，但从宏观角度看，或许可以说它是以古典主义为规则的理智主义美术的对立派吧。

浪漫主义标榜的是摒弃理性，追求感性；摒弃传统教条，追求自由创造。

浪漫主义思潮初现于 18 世纪的英国。到了 19 世纪，除了德国受这种潮流影响，西班牙、东欧与俄罗斯等世界其他国家也都诞生了反映这种丰富又有个性的浪漫主义绘画。

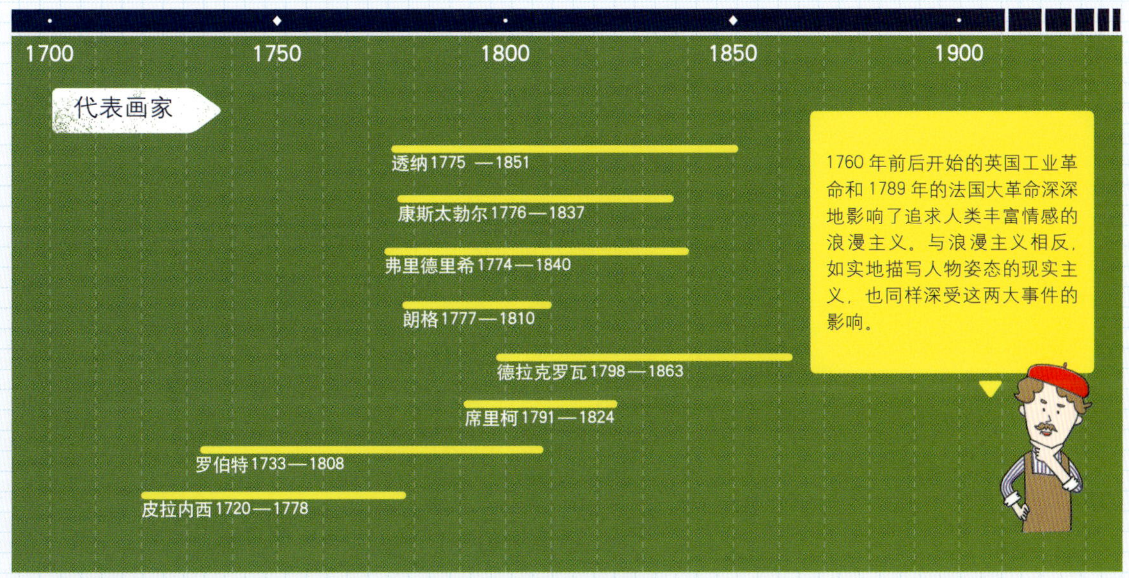

035

画家简介

生平

1775 年　4 月 23 日出生于英国伦敦的一个理发师家庭。
1789 年　考入英国皇家美术学院。第二年，在美术学院画展展出自己的首幅水彩画。
1807 年　就任英国皇家美术学院的远近法教授。
1819 年　首次游历意大利，威尼斯成了他一生难忘的地方。
1851 年　在切尔西的家中逝世。

代表作

《退役的铁梅雷尔号战舰》1838 年
《雨、蒸汽和速度》1844 年

英国的代表风景画家

约瑟夫·马洛德·威廉·透纳

Joseph Mallord William Turner

1775—1851 年

重要的是唤起人的印象。
——约瑟夫·马洛德·威廉·透纳

透纳深刻地影响了印象派

透纳在绘画上显得早熟，年纪轻轻的透纳在 27 岁时就成了英国皇家美术学院的正式会员。1807 年起就担任英国皇家美术学院远近法教授，在之后的 13 年里，连续出版了带有教科书性质的铜版画集《钻研之书》。他首次到意大利旅行，就走访了威尼斯、罗马、那不勒斯和佛罗伦萨。旅行之后，他的绘画色彩变得更鲜艳、形态变得更模糊、表现形式变得更抽象。用绚烂、亮丽的色彩描绘光与空气是透纳最大的特征，这种画风影响了后来的印象派等画派。

征服人类的大自然力量

远处云雾缭绕的山顶与从天而降的晃眼光线融为一体。这是一幅典型的透纳风格的优秀作品，壮阔的画面让人感受到大自然的力量。

赏析要点

相比活跃在同一时期的风景画家，透纳因其特有的创造力而被人熟知。这幅作品也是一部与透纳名声相当的画面宏伟的作品。欣赏时可以着重关注透纳对于光线的表现手法。

《圣哥达山口的下山路》（1848 年，水彩画，纸，31.6cm×51.7cm）收藏于郡山市立美术馆

036

一生都在描绘故乡风景的大家

约翰·康斯太勃尔

John Constable

1776—1837年

我想回到勃局尔特，在那里努力学习用纯粹、自然的方式描绘令我心醉的风景的手法。
——约翰·康斯太勃尔

画家简介

生平

1776年　6月11日出生于意大利萨福克郡的东勃局尔特。
1799年　考入伦敦的英国皇家美术学院。
1802年　开始在户外进行油画的写生。
1821年　在英国皇家美术学院展出《干草车》，好评如潮。
1829年　被选为英国皇家美术协会的正式会员。
1837年　3月31日在伦敦逝世。

代表作

《干草车》1821年
《从草地观看的索尔斯堡主教堂》1823年

对故乡永恒的思念，对乡情的共鸣

约翰·康斯太勃尔与透纳（详见第052页）并称为英国风景画家的代表。他欣赏洛兰，从1802年开始在户外进行油画写生。他喜爱描绘故乡萨福克郡的田园风光。康斯太勃尔一生非常平淡，但是他写实地描绘自然景色的风景画对后来的法国浪漫派和巴比松画派等描绘光的技法有着很大的影响。他的作品出色地表现了阳光和天气的变化。

《戴德罕谷地》（1802年，布面油彩，51.5cm×61cm）收藏于郡山市立美术馆

被巴黎认可的英国风景画家

《戴德罕谷地》描绘的是康斯太勃尔出生地附近的一个峡谷。除本作品外，他还有一幅在同一角度的纵向位置创作的作品，康斯太勃尔在画中表达了他对故乡的思念。

赏析要点

康斯太勃尔在户外进行创作时，力图把握光线的微妙变化，然后不用调色板调色，并且喜欢在同一画面中使用不同的颜色，这种绘画特点使得他被认为是印象派的先驱。富含诗意的田园风景是他的所爱。

画家简介

生平

1774 年　9月5日出生于德国北部的格赖夫斯瓦尔德。
1807 年　创作了《山上的十字架》，轰动一时。
1816 年　成为德累斯顿艺术学院的会员。
1835 年　中风瘫痪，之后主要绘制深褐色的画作和水彩画。
1840 年　5 月 7 日在德累斯顿逝世。

代表作

《山上的十字架》1807 年
《海边的修道士》1808—1810 年
《冰海》1823—1824 年

037

德国浪漫主义画派的代表画家

卡斯帕·大卫·弗里德里希

Caspar David Friedrich

1774—1840年

为了把一天过成一辈子，我多次将自己置于生死边缘。
——卡斯帕·大卫·弗里德里希

风景画里蕴含的宗教观和思想观

德国浪漫主义最伟大的画家弗里德里希在哥本哈根美术学院学习之后，以德累斯顿为创作据点，绘制了许多反映自己宗教观和思想观的风景画。他的画作在描绘险峻的高山、幽静的森林和荒凉的大海等雄伟、壮观的大自然景观的同时，也注重描写渺小的、面朝景观的主人公背影，以衬托自然的壮丽景象。观赏者与主人公一样眺望风景，主人公好像就是观赏者的化身，使画面洋溢着深深的精神内涵。

《云海中的旅行者》（1818 年，布面油彩，98.4cm×74.8cm）收藏于汉堡市立美术馆

站在山顶的流浪者在眺望什么

威严、雄伟的大自然与孤独、令人遐想的背对着我们的人物形成鲜明的对比。这幅作品可以说是弗里德里希的代表作之一。

赏析要点

弗里德里希基于对自然的深刻观察和对人类的洞察，用独特的象征表现手法创作而成的富含宗教意味的风景画，经常饱受争议。他描绘了身穿当时政府所禁止的古典服装的人物像，以表示画家的反抗之心。

动物和花朵无论哪一个，只要人类不给予他们最好的，他们就只能展露一半。
——菲利普·奥托·朗格

开创了新世界观的风景画

菲利普·奥托·朗格

Philipp Otto Runge

1777—1810年

画家简介

生平

1777 年	7 月 23 日出生于德国沃尔加斯特。
1799—1801 年	先后在哥本哈根美术学院、德累斯顿美术学院学习绘画。
1801 年	拜访卡斯帕·大卫·弗里德里希，作品《阿喀琉斯和斯卡曼德》在德国文豪歌德举办的有奖竞赛中落选。
1806 年	研究色彩，与歌德互通书信。
1810 年	12 月 2 日逝世。

代表作

《在逃亡埃及途中休息》1805—1806 年
《父母的画像》1806 年
《夜莺草丛》1810 年

以宇宙论为基础的独自的构想

朗格与弗里德里希（详见第 054 页）同为德国浪漫主义代表画家。出生在德国沃尔加斯特的朗格志在成为画家，其先后在哥本哈根美术学院和德累斯顿美术学院学习绘画。受德国雅各布·波墨等神智学和宇宙论的影响，朗格挑战寓意画，开辟了全新的风景画。另外，他还热衷于对色彩的研究，但朗格在 33 岁时便英年早逝。

《清晨》（1806 年，布面油彩，109cm × 85.5cm）
收藏于汉堡市立美术馆

描绘宇宙无限光亮的晨光

这幅作品描写了宇宙开始的清晨，用拟人的手法描绘被耀眼曙光唤醒的神秘清晨。孩子象征着没有污染的自然和纯洁的人们。

赏析要点

朗格的绘画世界就像未完成的画作《清晨》一样，扎根于独特的宇宙生成论，力求将人类的环境世界以风景画的形式描绘出来。虽然是古典题材，但比起什么都重视“心情”的浪漫主义，朗格画作的思想更加强烈。

039

画家简介

生平

1798 年　4 月 26 日出生于巴黎近郊沙朗通·圣莫里斯。
1815 年　师从新古典主义画家P. 盖兰。
1822 年　以《但丁之小舟》首次入选沙龙展。
1824 年　《希奥岛的屠杀》在沙龙展出，这幅以真实事件为题材的作品，引起了热议。
1857 年　被选为巴黎国家高等美术学院的会员。
1863 年　8 月 13 日在巴黎逝世。

代表作

《自由引导人民》1830 年
《阿尔及尔妇女》1834 年
《肖邦像》1838 年

美术史上璀璨耀眼的浪漫主义巨匠

欧仁·德拉克罗瓦

Eugène Delacroix

1798—1863年

宗教、神话、事件等，绘画题材广泛

据传德拉克罗瓦的生父是法国著名的政治家塔列朗。德拉克罗瓦 17 岁时便立志成为画家，师从新古典主义画家 P. 盖兰。在学习期间，他遇到了后来成为浪漫主义代表画家之一的席里柯（详见第 057 页），并受其影响很大。德拉克罗瓦受但丁等人作品的启发，绘制了很多色彩鲜艳、构图充满戏剧性的作品。《希奥岛的屠杀》描绘的是在希腊独立运动中，土耳其军队大肆屠杀希奥岛人民的事件，作品引起了巨大的反响。

不喜欢暗含道理的绘画。
——欧仁·德拉克罗瓦

《被搬往坟墓的耶稣》（1859 年，布面油彩，56.3cm × 46.3cm）
收藏于日本东京国立西洋美术馆

与本人的悲剧相融合的庄严

这幅作品与《吕贝卡的掠夺》《十字架上的耶稣》等一起在1859 年沙龙展出，是德拉克罗瓦在患病期间创作的作品。

赏析要点

德拉克罗瓦晚年疾病缠身，亲友又先行离去，其悲壮的心境与作品本身深刻的宗教性相融合。在不同阶段的作品中都可以看出他所尊敬的伦勃朗（详见第 024 页）对他的影响。

040

现在，什么都还没做。
——泰奥多尔·席里柯

早逝的浪漫派先驱画家

泰奥多尔·席里柯

Théodore Géricault

1791—1824年

画家简介

生平

1791年　9月26日出生于法国的诺曼底地区的里昂。
1808年　在霍勒斯·韦尔内画室学习绘画。
1812年　《轻骑兵军官》在沙龙展出，获得金奖。
1819年　《梅杜萨之筏》在沙龙展出，引起轰动。
1824年　1月26日因坠马事故逝世。

代表作

《怕雷之马》1813—1814年
《赛马——拉·莫撒》1817年
《赌博偏执狂》1819—1824年

如实描绘非人道事件的争议性作品

席里柯以历史事件为题材创作而成的《梅杜萨之筏》，比同门师弟德拉克罗瓦（详见第056页）的争议性作品《希奥岛的屠杀》更早在沙龙展出，也同样引起了巨大争议。席里柯以法国巡洋战舰梅杜萨号在非洲海岸触礁沉没的事件为题材，通过对幸存者采访等，力求作品真实性。虽然此作品在沙龙上获得了一定的好评，但是政府却不买账。

《罗马的追牛之战》（1817年，石版画，18.8cm×25cm）收藏于日本东京国立西洋美术馆

喜爱马，喜欢捕捉它跳跃的一瞬间

席里柯一生中，以马为主题创作了许多作品。这幅作品描绘了骑马逐牛的画面，是一幅出色地捕捉到马起身跳跃一瞬的优秀作品。

赏析要点

席里柯爱马，且喜爱骑马和赌马，有很多从中获得灵感而创作的作品。希望各位能关注因喜爱才能有的充满运动感的细腻描写。

画家简介

生平

1733 年　出生于法国巴黎。
1754 年　陪同斯坦威乐伯爵去意大利。
1765 年　回到巴黎。次年，作为建筑画家进入皇家绘画和雕塑学院。
1784 年　因皇家收藏画展，被任命为卢浮宫博物馆馆长。
1793 年　受法国大革命波及，被捕入狱。
1808 年　在巴黎逝世。

代表作

《阿波罗沐浴的洞窟》1777 年
《古代的废墟》1779 年

041

同时是一位庭院设计师的废墟画家

休伯特·罗伯特

Hubert Robert

1733—1808 年

古迹发掘使之兴奋，意大利留学开阔眼界

罗伯特出生在巴黎。他的父亲是斯坦威乐伯爵的随从，因此罗伯特也跟随伯爵去了庞贝古城和赫库兰尼姆等古迹相继发掘、盛行考古的意大利。在意大利，罗伯特随意地将古代神殿和遗迹组合进行创作，开辟了空想风景画，被人们称为“废墟的罗伯特”。另外，作为设计古代风格建筑、人工瀑布和洞窟等的庭院设计师，罗伯特在 1778 年获得“皇家庭院设计师”称号。

《罗马市景——驯马手和教堂》（1786 年，布面油彩，161cm × 107cm）
收藏于日本东京国立西洋美术馆

空想和再组合创造出来的景观

作品的左侧、右侧和远处分别可以看到卡比托利欧广场的保守宫、奎里纳勒宫的古罗马巨像及圣·彼得教堂的罗拱顶和万神殿等。

赏析要点

这幅作品是由罗马古迹所构成的，是罗伯特作品里常见的独特手法。只有熟悉罗马古迹的画家才能创作出如此优美、精致并与主题巧妙搭配的作品。

042

一直画罗马景观的版画家

乔凡尼·巴蒂斯塔·皮拉内西

Giovanni Battista Piranesi

1720—1778年

画家简介

生平

1720 年　出生于意大利威尼斯近郊。
1740 年　跟随威尼斯大使在罗马研究古迹，学习版画。
1744 年　作为版画代理商，再次访问罗马。
1767 年　获得罗马教皇克莱门斯十三颁发的黄金骑士勋章。
1778 年　11 月 9 日在罗马的家中逝世。

代表作

《罗马景观》（版画）1748—1778 年
《古罗马》（版画）1756 年
《古罗马的坎普·马兹奥》（版画）1762 年

培育了新古典主义和浪漫主义

皮拉内西在威尼斯接受了建筑教育之后，又在罗马学习雕塑。之后，他得到了罗马教皇的资助，开始研究古迹和建筑，并发表了描绘罗马古代城市和都市景观的铜版画《罗马景观》《古罗马》等作品。作品在去过罗马的欧洲人当中大受好评，正因为如此，罗马的浪漫印象得以普及。此外，他的作品还影响了后来的超现实主义。

凭空创作的监狱

版画系列《监狱》是皮拉内西的著名作品之一，他极富想象力地描绘了监狱的各种场景。在皮拉内西逝世后，他的作品也影响了许多艺术家。

赏析要点

用强有力的线条和大胆的构图描绘了作品主题——监狱。随着再版，明暗度差距变大，戏剧性效果增强。这幅作品是第 2 版。

《监狱》第 2 版（3）圆形的塔（1761 年，蚀刻，55.3cm × 41.9cm）
收藏于日本东京国立西洋美术馆

近代风景画的诞生与发展

描绘大自然的优美和波澜壮阔的近代风景画，被大众所广泛接受并不是很久以前的事。

西欧文艺复兴时期，在绘画领域又重现基于自然观察而创作的优秀风景画。当然，除了建筑方面的装饰性的湿壁画外，风景画的主题或肖像的背景大部分都来自宗教和神话故事。也出现了不仅为主人公提供活动舞台，还将人物作为环境的构成要素融入风景里的绘画。画家帕蒂尼尔和德语圈的多瑙河画派的画家们的画作就是代表之一。

到了16世纪后期，以著名画家彼得·勃鲁盖尔的儿子扬·勃鲁盖尔为代表的南尼德兰画家们，开始以风景为主题进行创作。

发生重大变化的是17世纪的荷兰。荷兰市民开始追求以身边的自然景色为主题的绘画，从此，风景画就作为一种绘画类别定型下来。优秀的风景画家也从此人才辈出。

另一方面，在17世纪的意大利，出生于法国而在罗马发展的克洛德·洛兰所创作的理想化的田园风景画也开始出现。他通过影响在意大利学习的画家们，再次将这种田园风景画传播到阿尔卑斯以北的地方。18世纪末之后，出现了英国的透纳等将浪漫主义风景描绘成宏伟、崇高的作品的画家。

到了19世纪的法国，与风景画大师科罗活跃的同时期，巴黎南部的巴比松开始出现描绘农民日常风景的巴比松画派。荷兰也受巴比松画派的影响，出现了描绘海牙日常风景的海牙画派。

之后，印象派的布丹、莫奈等人，促进发扬了康斯太勃尔等画家的户外创作，风景画就作为绘画类别的一种得以定型。

艺术历史：
现实主义

如实地描绘眼见的情景

现实主义

19 世纪

描绘同时代人物的面貌

19 世纪中期，现实主义的美术运动以法国为中心蓬勃地发展起来 。

法国大革命之后，欧洲又发生了市民革命。另一方面，随着工业革命的进行，欧洲各国的社会结构也发生了巨大变化，这种变化让人们的意识觉醒，开始观察现实。

在美术界也出现了反映这种社会现象的运动。它就是力求如实地描绘眼前的现实，真实地描绘生活在同一时代的人民样子的现实主义。现实主义的代表画家有库尔贝、移居到乡下的米勒及科罗等巴比松画派的画家们。

虽然农村和城市有所区别，但不管是描绘在巴比松村劳作的农民身姿的米勒，还是用充满讽刺的漫画描绘都市市民的杜米埃，他们描绘的都是不加修饰、普通人的样子。

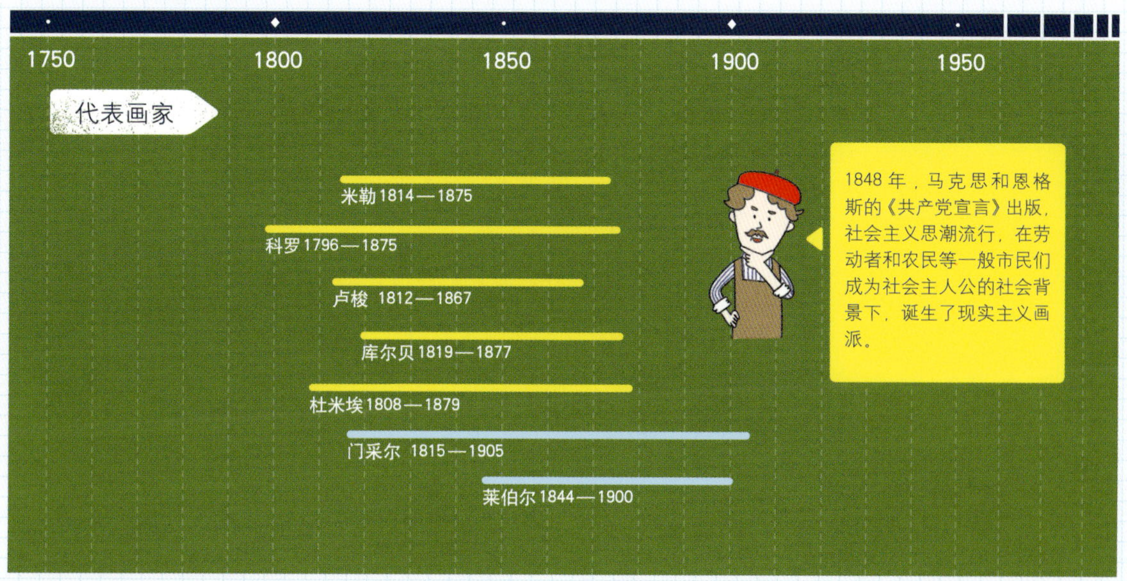

043

描绘农民的巴比松画派的代表画家

让·弗朗索瓦·米勒

Jean-Francois Millet

1814—1875年

艺术里最打动我心的是人类的侧面。
——让·弗朗索瓦·米勒

如实描绘农民的面貌

米勒出生在诺曼底省格鲁什的一个农民家庭。年幼时，他在这片土地种过田，那段经历和生活影响了米勒，他留下许多如实地描绘农民身姿的作品。

19岁时，米勒去了瑟堡，跟随穆切尔开始真正意义上的绘画学习。他在瑟堡生活了两年左右，由于父亲去世，米勒放弃了当画家的念头，打算回去重建那个失去一家之主的家庭。但又因周围人的劝说，他再次回到了瑟堡，在那儿跟随一位名叫朗格卢瓦的画家学画。米勒在获得了瑟堡市奖学金后去了巴黎，进入德拉罗什画室学习。

1804年，米勒的两件作品在沙龙展出，其中一件入选。之后的几年，他作为肖像画家活跃于瑟堡。在那里，他与瑟堡姑娘结婚后再次回到法国。然而回到巴黎后，等待他的却是痛苦的生活。他们穷困潦倒，1844年他体弱多病的妻子病逝。不过他要是画一些风格华丽的洛可可作品，可以在一定程度上改善生活。1848年，在沙龙展出的《拾箕的女人》被新政府所采购。如实描写农民形象的作品大获好评，米勒也以此为契机，开始转型做农民画家。

1849年，米勒带着家人移居到了巴比松村，并开始跟早已在此安家的卢梭等画家交流。最终，在巴比松活动的画家们被称作“巴比松画派”。米勒就在这片土地上以农民画家的身份创作出了许多名作。

画家简介

生平

1814年　10月4日出生在法国诺曼底省的格鲁什。
1840年　首次参加沙龙展。
1849年　移居到巴比松村。
1850年　完成《播种人》。
1868年　获得五等荣誉勋位勋章。
1875年　1月20日在巴比松逝世。

代表作

《播种人》1850年
《拾穗者》1857年
《晚钟》1859年

如实地描绘农民真实面貌的米勒杰作

这幅画作描绘了男主人公带有律动感的动作。画中，主人公表情严肃，向人们传达播种是一项严肃、重要的作业。另外，也有不同的声音认为这幅画是劳动者对残酷现状的反抗。《播种人》共有两幅，一幅被收藏在波士顿美术馆，另一幅被收藏在山梨县立美术馆。有一种说法是，米勒最初制作了现存于波士顿的那幅画作，但因为不甚满意，于是就再画了一幅，据说就是现存于山梨县立美术馆的那一幅。后来通过科学调查研究证明了山梨县立美术馆里的作品是后制作的。

《播种人》(1850 年，布面油彩，99.7cm × 80cm) 收藏于山梨县立美术馆

赏析要点

在这幅作品之前，米勒还用同一构图，绘制了另一幅《播种人》，而这一幅在沙龙展出。相比之下，本幅画的人物更小一点。另外，就色彩而言，前一幅作品更蓝，这一幅作品更黄。从描写来看，这幅作品更厚重，给人更粗犷的感觉。但两幅画的质量不相上下。

小知识

躲避霍乱而移居

米勒在巴比松建画室是因为他想描绘田园风景及生活在那的人民的真实样子。但还有另一个理由，就是当时的巴黎（特别是他居住的地区）流行霍乱，身为三个孩子的父亲的米勒，考虑到孩子们的安全，就搬到了巴比松。

画家简介

生平

1796 年　7 月 16 日出生在法国巴黎。
1822 年　师从米查龙。之后，又在让 · 维克多 · 贝尔坦的画室习画。
1825 年　赴意大利。
1827 年　在巴黎沙龙展获奖。
1846 年　获得骑士荣誉勋章。
1875 年　2 月 22 日逝世于巴黎。

代表作

《蒂沃利的维拉底斯特庭园》1843 年
《孟特芳丹的回忆》1864 年
《蓝衣女》1874 年

064

现在人气也丝毫不减的风景画大师

让 · 巴蒂斯特 · 卡米耶 · 科罗

Jean Baptiste Camille Corot

1796—1875 年

远赴欧洲各国创作风景画

科罗 26 岁时才开始真正走上画家之路。他不仅在法国游历，还去了瑞士和荷兰等众多国家，创作了许多作品。他在让·维克多·贝尔坦手下学习了许多古典风景画知识。1825 年，29 岁的科罗首次走访罗马，他积极地到意大利各地进行风景写生，在此期间创作出的《纳尔尼河上的桥》参加了巴黎沙龙展，并获奖。回国后，科罗会在温暖的季节去旅游，寒冷的季节则在室内创作参加沙龙的作品，因此留下了许多作品。

自然才是一切的开始。
——让 · 巴蒂斯特 · 卡米耶 · 科罗

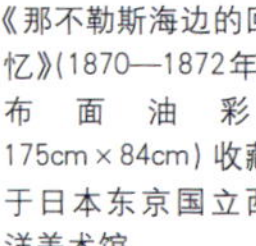

《那不勒斯海边的回忆》(1870—1872年，布面油彩，175cm × 84cm) 收藏于日本东京国立西洋美术馆

渗透画家记忆的那不勒斯

《那不勒斯海边的回忆》描绘的是科罗仅去过一次的那不勒斯的风景。除这幅作品外，科罗还留下几幅关于那不勒斯风景的作品。也许这片土地给他留下了很深刻的印象吧。

赏析要点

科罗这幅作品的主色调是温柔的银灰色。它支配整体的画面，呈现出让人留恋的风景画面。希望各位能品味这充满独特诗意的世界面貌。

我听到了树木的声音，瞬间受到了它的启示。
——西奥多·卢梭

热爱大自然，终生以风景为主题

泰奥多尔·卢梭

Théodore Rousseau

1812—1867年

画家简介

生平

1812年　4月15日出生于法国巴黎。
1830年　以奥弗涅旅行为契机，绘画事业迎来转机。之后，留在巴比松村，着手画风景画。
1848年　担任沙龙的评审员和美术家联盟的委员。
1867年　被任命为巴黎万国博览会和沙龙的评审员长。
1867年　12月22日在巴比松村逝世。

代表作

《汝拉山脉的牛下坡》1835年
《鳄鱼岛伐木》1847年
《地上的沼泽》1853年

蛰伏多年，终于得到认可

卢梭是巴比松画派的代表画家之一。他在接受古典主义教育之后，于1830年去奥弗涅的山区进行户外风景创作。19岁的时候，首次参加沙龙展，但他的作品一直落选，直到1848年才有入选作品。强而有力、潇洒自由的笔触及浓烈的色彩，使他的作品逐渐从同时代风景画作品中脱颖而出，在19世纪50年代终于被社会所认可。在1855年举行的巴黎万国博览会中，举办方特意为卢梭开了一间展厅，可见他的声誉已无可撼动。

《枫丹白露森林的尽头》(1866年，布面油彩，76cm×95cm)
收藏于山梨县立美术馆

对大自然的热爱和敬畏

这幅作品描绘的是卢梭一生钟爱的枫丹白露的风景。画中描绘了枫丹白露的森林和阿布鲁蒙溪谷山顶的牧地。

赏析要点

卢梭等巴比松画派的画家喜欢描绘自然风景，重视户外写生。据说卢梭从小给从事木材加工业的叔叔打下手，自然也就亲近森林。就如他所说的"听到森林的声音"一样，或许他能感受到自然，与其融为一体，才能不断地将树木的"声音"描绘到画布上面吧。

画家简介

生平

1819 年　6 月 10 日出生于法国东北部佛朗什孔泰的奥尔南。
1849 年　政府购买其作品《奥尔南午饭后的休息》。
1855 年　在巴黎万国博览会的会场前举行个展。
1871 年　作为摧毁旺多姆广场圆柱主谋被逮捕。
1877 年　12 月 31 日在瑞士逝世。

代表作

《奥尔南午饭后的休息》1848—1849 年
《路遇（库尔贝先生，你好！）》1854 年
《海边的雄鹿（狩猎）》1861 年

046

在革命时期的法国，掀起美术界革新

居斯塔夫·库尔贝

Gustave Courbet

1819—1877 年

我不画天使，因为从来没见过。
——居斯塔夫·库尔贝

用直率手法表达现实的大作，打破绘画界的常规

库尔贝于 1839 年末去了巴黎，在瑞士美术学院学画，并在卢浮宫美术馆努力临摹古典绘画作品。30 岁的时候，库尔贝的作品《奥尔南午饭后的休息》被政府收购，库尔贝顿时声名鹊起。但在描绘日常生活场景的大型油画《奥尔南的葬礼》发布后，其声誉大跌。原因是本该以小型风俗画形式进行创作的作品却以大型油画的形式呈现，导致作品被丑化。但是库尔贝这种打破常规的作品及姿态却被后世盛赞。

《雪中鹿战》（1868 年，布面油彩，60cm × 80cm）收藏于广岛美术馆

狩猎及特别的风景

雪景中，两头公鹿为了一头母鹿正在进行激烈的角逐。库尔贝试图在美丽的自然环境中，描写出残酷的生存竞争现实。

赏析要点

在舒勒山的自然环境中出生成长、喜欢打猎的库尔贝，创作了以居住在美丽森林的动物和狙击这些动物的猎人为主题的作品。他对大自然和动物行为的熟悉使他的绘画写实且巧妙。

他流淌着米开朗琪罗的血液。
——奥诺雷·杜米埃

047

忠实地描绘出巴黎市民日常生活

奥诺雷·杜米埃

Honoré Daumier

1808 —1879年

画家简介

生平

1808 年　2 月 26 日出生于法国马赛。
1816 年　一家人移居巴黎。
1831 年　给《讽刺》杂志投稿。同年发表《高康大》，讽刺国王路易·菲利普。
1872 年　在《喧闹》上发表《君主政治》等最后的石版画。
1879 年　在巴黎郊外的瓦尔蒙杜瓦逝世。

代表作

《洗衣妇》1863—1864 年
《三等车厢》1863—1865 年
《堂吉诃德和死骡子》1865 年

死后才华才被认可，其油画影响了印象派

杜米埃 8 岁的时候被立志成为诗人的父亲带到巴黎。在美术私塾学习的过程中，他对当时刚开始流行的石版画很感兴趣。他发表了用石版创作的讽刺画，形成了自己的绘画风格。杜米埃在《讽刺》等杂志上发表了批评路易·菲利普王权的讽刺画。此外，他还画油画，描绘了巴黎市民的日常生活及当时的最新技术、火车、风景等。虽然杜米埃留下了众多作品，但生前却几乎没人关注。

《看戏》(1856—1860 年，布面油彩，23.6cm×32.7cm) 收藏于日本东京国立西洋美术馆

模糊朦胧的独特绘画

这幅作品将光线聚焦在远景舞台，从斜侧面描绘热衷看戏的观众的身姿，其构图和明暗对比都非常出色。

赏析要点

轮廓模糊、朦胧地描写事物是杜米埃绘画的独特之处。对戏剧富有兴趣的他，有许多作品都是以与戏剧相关的人为主题，其主题不仅有街头艺人、演员，甚至有幕后工作人员和观众。

从西方绘画看浮世绘的影响和日本格调的流行

从19世纪末到20世纪初期，在以法国为中心的欧洲，曾流行过日本美术。这股被称作“日本格调”的热潮的掀起，源于日本的门户开放将美术工艺品输出到国外。

1867年的万国博览会，江户幕府参加并设立了日本馆，展出日本浮世绘、陶器和漆器等。法国画商萨姆尔·宾亲自赴日采购日本的美术品，并将其带到法国，使得这股热潮更加高涨。

另外还可能是因为此次流行的核心——浮世绘比版画廉价一些，而且可以大量简单地复制。

受浮世绘影响最深的是有时代特征的印象派和后印象派的画家们。从莫奈、梵高、马奈、惠斯勒、高更和德加的作品里，也可以看出受到浮世绘独特的色彩鲜艳和平面表现形式的影响。

梵高的画作《唐吉老爹》的背景，是歌川广重、歌川国贞等人的6幅浮世绘。此外，梵高也有名为《盛开的梅花》的作品，它是对歌川广重的油画《名所江户百景／鬼井户梅宅地》的临摹。他在画的两侧加上了装饰性的轮廓，甚至临摹了他不熟悉的汉字。梵高在比利时的时候，房间里就挂着便宜的浮世绘。到了巴黎之后，他更加热衷于浮世绘了。他还有另外两幅临摹浮世绘的作品。

莫奈对日本的兴趣不输梵高。他在吉维尼家中的庭院里，架起了拱桥和藤棚，种上了竹子、柳树、水菖蒲等，他将庭院装修成日式风格的事情也是众所周知的。而最能直接表现莫奈对日本爱好的是《日本印象（着日本和服的莫奈夫人）》这一作品。画面中穿着棉衣一样的和服的女性（模特是莫奈的妻子卡米尔）手执月牙折扇，跳着日本民族舞，而其身后的墙壁和放置席子的地板上装饰着15枚团扇。

之后，日本格调还被陶器、玻璃器等工艺设计领域所采纳，不仅欧洲，美国也受其影响。

艺术历史：
印象派

追求光和色的个性派集合

印象派

19 世纪后期

描绘对光和色的瞬间印象

19 世纪后期诞生的印象派，对后世的影响甚为深远。印象派的成员各有个性。如果非要找出共性，应该可以说他们是一群试图捕捉鲜艳光线的瞬间，并将其定格到画面上的画家。莫奈描绘折射到水面的光线，雷诺阿描绘照射到地面和树木上的光线，德加则描绘的是聚光灯下的舞女。

另外，他们不用调色板调色，而采用直接在画布上并色，从视觉上看颜色是混合交错的"笔触分割"的技法。他们还在户外进行绘画创作。此外从平面表现这点能看出印象派受日本美术的影响。

我们不能忘记印象派的另一个功劳，就是培养了形成自己独特画风的塞尚、高更、修拉、雷东等一批画家。

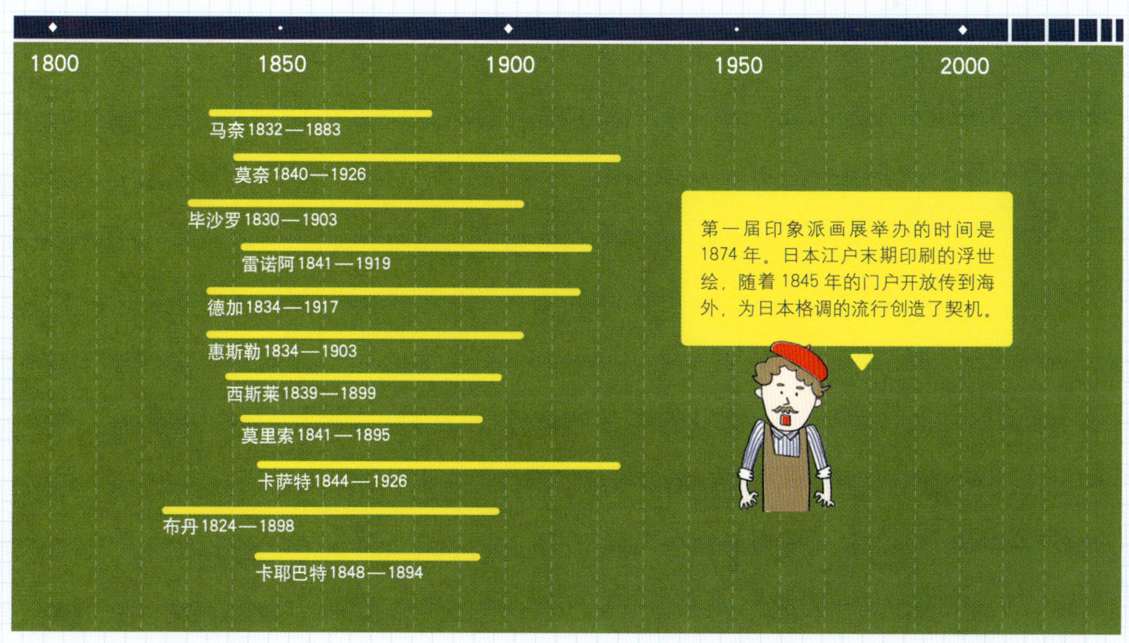

048

近代绘画的起点

爱德华·马奈

Edouard Manet

1832—1883年

我只不过是把自己看到的东西尽量真实地表达出来。——爱德华·马奈

无视批判声，继续自己的绘画

受叔叔的影响，很早就表现出对绘画感兴趣的马奈，立志要当一名画家。然而，他的志向却遭到父亲的反对。海军学校入学考试失败后，他才走上画家之路，并于1849年进入托马斯·库图尔的画室学习。

1859年，马奈的作品首次在沙龙展展出，却招致评审员的反感，引起骚乱。作品里的男性烂醉如泥，啤酒瓶在其脚下滚动。这并不是寓意，而是现实。有人认为作品的主题并不符合沙龙展。但是有一位名叫德拉克罗瓦（详见第056页）的评审员却非常认可这幅画。

马奈“出格”的画作还在继续。1863年完成的《草地上的午餐》中一个全裸的女子坐在两名衣冠楚楚的绅士中间，马奈将此女子作为现实中的女性来描写，并没有像神话等历史画一样，美化其裸体，因此引起了轩然大波。此外，由于画作《奥林匹亚》中的妓女太过裸露，马奈也遭到了舆论的攻击。

然而批判马奈的这股风越强烈，越让人感觉这是即将到来的新时代的作品。当然也有支持马奈的声音，印象派的画家们竭力宣传以“现代生活”为主题的马奈作品，他们认为马奈的作品色彩鲜艳、品质优越。连莫奈都在马奈逝世后，为了将马奈饱受争议的作品《奥林匹亚》赠送给国家，前后奔走近一年。从中可以看出作为印象派先驱的马奈的好人缘，以及他的作品深受许多新锐画家的推崇。

画家简介

生平

1832年	1月23日出生于法国巴黎。
1863年	完成《奥林匹亚》，并于1865年在沙龙展出。
1881年前后	获得荣誉勋位勋章。
1883年	4月30日逝世。

代表作

《草地上的午餐》1863年
《埃米尔左拉肖像》1868年
《铁路》1872—1873年
《女神游乐厅的吧台》1881—1882年

仅存的两幅自画像

作为印象派的奠基者，马奈影响了许多画家。马奈画了好几幅肖像画，有《埃米尔左拉肖像》《特尔多·杜瑞肖像》《斯特凡·马拉美肖像》等。但确认是其真迹的只有两幅。一幅是由私人收藏的半身像《手持调色板的马奈》，另一幅是本作品《自画像》。初看衣服和裤子，上面的画迹和剩余涂料非常显眼。另外，马奈把自己的脸画得细长、眼神尖锐，面部严肃的马奈在黑色的背景中显现。

《自画像》（1878—1979 年，布面油彩，95.4cm×63.4cm）收藏于石桥财团普利司通美术馆

赏析要点

在这幅作品中，马奈采用一种大胆技法，即在上色的颜料未干之前，涂下另一种颜料。这幅作品也是用剩余涂料和粗犷的笔触创作而成的。另外，因为采用了"无明暗法"和"肉法"的平面画法，画中的马奈拥有很强的存在感。

小知识

马奈和库尔贝

莫奈和毕沙罗等画家都很尊敬马奈，并且与其建立了良好的关系。然而马奈和库尔贝算不上是好友。库尔贝曾这样评论过马奈："说这个年轻人是当代的委拉斯凯兹，可真是看走眼了。"库尔贝从现实主义的角度嘲讽过马奈的作品《死去的基督和天使们》。

049

将自然的变化展现在作品中

克劳德·莫奈

Claude Monet

1840—1926年

我必须要不断变化，因为所有的事物都会发芽、变绿。——克劳德·莫奈

户外创作，面对自然

少年时代的莫奈经常逃学，以镇上一些名人为题材画漫画。1857年开始他将自己的漫画放在镜框店里销售，并认识了之后成为朋友的店主布丹（详见081页）。布丹建议莫奈在户外进行创作，并指导他作画。这个经历对莫奈之后的绘画生涯产生了极其深远的影响。莫奈曾说："我之所以能成为画家，多亏了布丹。"

莫奈于1862年进入夏尔·格莱尔的画室习画，并在那儿遇到了印象派的画家们。期间，他与巴齐耶一起去旅行写生，旅居在一个小村庄。莫奈被村庄丰富的自然环境深深吸引，在离开画室之后，再次前往该村旅行。1865年开始着手创作《草地上的午餐》。顺带说一下，可能因为知道了莫奈对他的尊敬，马奈把自己的原定名字为《浴》的作品改为同名的《草地上的午餐》。

1883年，莫奈在法国的吉维尼定居。因为深爱着这片土地，他创作了许多以"睡莲"为主题的作品。

莫奈的系列画作，描绘了绘画主题随着季节和时间的转移而变化的形态。追求光线的画家会用各种各样的色彩来表现光影，描绘光的变化。随着太阳的移动，莫奈齐摆数张画布，通过改变调色板等进行创作，从中可以窥见莫奈追求光影表现的姿态。到1926年逝世为止，他一直在创作系列作品《睡莲》。

画家简介

生平

1840年　11月14日出生于法国巴黎。
1874年　第一次参加印象派画展。
1883年　移居到吉维尼。
1899年　开始创作系列作品《睡莲》。
1926年　12月5日在吉维尼逝世。

代表作

《草地上的午餐》1865—1866年
《日出·印象》1873年
《日本印象（着日本和服的莫奈夫人）》1876年

修建美丽庭院，专注画睡莲

晚年莫奈画的是睡莲池。即便患有白内障导致视力下降，他仍坚持作画，据传创作了200多幅作品。随着季节的变化和太阳的移动，光线和草木会发生变化。最早将这种变化以系列作品的形式呈现出来的是《干草堆》。遇到睡莲这个主题后，莫奈就一直投身其中。与本作品的构图和尺寸大小相近的作品共有15幅。莫奈晚年开始计划创作大型壁画，并将其赠送给国家。1915年，为了实现这个目的，他创建了巨大的画室，开始着手创作大型系列作品《睡莲》。现在，该作品被收藏于巴黎的橘园美术馆。

《睡莲》（1907年，布面油彩，92.5cm×73.5cm）收藏于DIC川村几年美术馆

赏析要点

开始创作《睡莲》系列作品的时候，莫奈会描绘水面周围的风景。但在之后，他逐渐去掉周围的风景，最后只选择画水面。这幅作品也没有描绘周围风景，而是用美丽的颜色描绘了水面漂浮的睡莲和映入水面的绿色草木。

小 知 识

莫奈是亲日画家吗

说到莫奈的代表作，无疑是《睡莲》。据说莫奈带睡莲池的自家庭院，是按日式庭院修建的。院里有拱桥，而且种了竹子和水菖蒲等典型的日式庭院植物。另外，莫奈在第二届印象派画展中，还展出了描绘其妻子卡米尔穿着日本和服的画作。我们可以从中看出莫奈对日本文化相当感兴趣。

世界名画赏析之一

克劳德·莫奈《船》

《船》(1887 年，布面油彩，145.5cm × 133.5cm) 收藏于日本东京国立西洋美术馆 松方收藏

符合日本收藏家的品位，莫奈黄金时期的杰作

莫奈曾经将船搬到画室，描绘了许多水边的风景。本作品是系列画作“船”中的一幅，是完成度很高的一幅杰作。

据说画中的场景是莫奈家附近塞纳河的支流艾普特河，模特则是他第二任妻子爱丽丝的女儿苏珊娜和布兰奇。

覆盖画面的蓝色和粉色、绿色和朱红色的对比，以及倒映在水面的白色礼服都很美。大胆地将船头截去的构图方式能看出浮世绘对莫奈的影响。

这幅作品是曾经的美术品收藏家、实业家松方幸次郎（当时的川崎造船所社长）收藏的庞大画集“松方收藏”中的一幅，可以在东京国立西洋美术馆欣赏到。

1916—1922 年期间，松方两次在欧洲长时间逗留，期间他收集了许多作品。据说他还亲自拜访身在吉维尼的莫奈，跟莫奈表达自己想一次性购买其家中 18 幅画作的意愿，让莫奈非常感动。

倾注全力绘制了1300多幅的油画

卡米耶·毕沙罗

Camille Pissarro

1830—1903年

一切事物都很美丽，只是关键在于你怎么看它。
——卡米耶·毕沙罗

画家简介

生平

1830年　7月10日出生在法国圣托马斯岛。
1842年　早年在巴黎的寄宿学校学习。
1855年　立志成为画家，再次赴巴黎。在同年举办的巴黎万国博览会上，接触了科罗等巴比松画派的大师们的作品，深受影响。
1861年　在瑞士美术学院遇到保罗·塞尚和阿尔芒德·基约曼。
1903年　11月13日在巴黎逝世。

代表作

《河边小路》1864年
《蓬图瓦兹：通往冬宫之路》1875年
《红屋顶》1877年

作为年长者，引领印象派画家

毕沙罗出生在位于加勒比海上丹麦领属（当时）的西印度群岛的圣托马斯岛。到巴黎之后，毕沙罗受到了科罗（详见第064页）等画家现实主义作品的影响。之后，又认识了莫奈（详见第072页）等印象派画家，确立了追求光和在户外进行创作的风格。毕沙罗作为印象派的核心人物，倾尽全力进行创作。他是唯一一位参加了印象派所有（8次）展览的画家，一生留下了大量的作品。

《新桥》（1902年，布面油彩，66cm×81.2cm）收藏于广岛美术馆

毕沙罗中意的桥

这是许多画家都画过的、巴黎历史最悠久的一座桥。其中，毕沙罗创作了许多幅《新桥》。这一系列除了这幅作品外，还有12幅。

赏析要点

这幅作品让人感受到毕沙罗独特的笔触。通过在整体沉稳的色彩和色调中放置红褐色的马车，画面有了一个焦点。天气好转时的光线变化和纤细、大胆的表现手法可以说是毕沙罗晚年作品的特征。

画家简介

生平

1841 年　2 月 25 日出生于法国里蒙。
1861 年　进入夏尔·格莱尔的画室学习。
1879 年　没有参加第四届印象派画展，但作品在画展展出。
1892 年　政府购买了《弹钢琴的少女》。
1919 年　12 月 3 日在法国南部的卡涅逝世。

代表作

《红磨坊的舞会》1876 年
《游艇上的午餐》1880—1881 年
《弹钢琴的少女》1892 年

051

色彩的炼金术师

皮耶尔·奥古斯特·雷诺阿

Pierre-Auguste Renoir

1841—1919年

鲜艳的色彩与追求绝美的姿态

1861 年，20 岁的雷诺阿进入夏尔·格莱尔的画室学习，在那里遇见了莫奈（详见第 072 页）和西斯莱（详见第 078 页）等后来的印象派画家。雷诺阿作为印象派画家开展活动的同时，也参加沙龙展，并大获成功。同时他作为肖像画家，也获得了较高的人气。

雷诺阿的画作色彩夺目，他所创作的许多女性肖像画都很甜美。女性是雷诺阿绘画的重要对象，他一生中画了许多女性。

> 雷诺阿不适合结婚，因为他会跟自己画过的所有女性结婚。
> ——珍妮·沙玛丽
> （喜剧演员、法语剧场专属模特）

《坐着的浴女》（1914 年，布面油彩，55cm×44.2cm）收藏于石桥财团普利司通美术馆

日本画家也欣赏的雷诺阿

雷诺阿还有一幅与本作品构图一样的画作，从中可以看出这是他非常喜欢的模特，这名模特就是后来成了他妻子的阿莉娜·莎丽戈。画面描绘了有量感且色彩柔软的美丽裸体妇女。

赏析要点

雷诺阿也有以希腊神话为题材的作品，但像这幅作品这样描写体态丰腴的女性的画作尤其受到广泛认可。拥有甜美表情、长头发、丰腴身体的妇女形象，是典型的雷诺阿式风格。他晚年的画作大多类似本作品，将明亮的风景和裸体妇女融为一体。

052

以芭蕾舞为主题的画作享负盛名

埃德加·德加

Edgar Degas

1834—1917年

女人就如温柔舔舐净化我身躯的猫。
——埃德加·德加

画家简介

生平

1834年　7月19日出生在法国巴黎的一个银行家家庭。
1855年　考入法国国立美术学院，跟随安格尔派的画家路易·拉莫特习画。
1856年　走访意大利，研究文艺复兴美术等。
1874年　参加第一届印象派画展，此后基本每届都参加。
1917年　病逝。

代表作

《巴黎歌剧院的乐师》1870年
《舞蹈课》1871年前后
《办公室》1873年

汲取新古典主义元素，与众不同的印象派画家

德加考入法国国立美术学校（巴黎高等美术学院）并跟随安格尔派的画家学习。起初他学习学院风格的作品，尔后逐渐转向画舞女和风景等日常生活画。德加尝试了彩色粉笔画、版画和雕塑等各式各样的技法，从中能看出浮世绘等日本美术对他的影响。

虽然德加被认为是印象派画家的一员，但实际上他的古典主义手法深受文艺复兴时期的大师安格尔（详见第044页）等人的影响，并且他用这种手法创作了许多以都市生活为主题的作品。

《搓背女》（1888—1892年，彩色粉笔画，70.9cm×62.4cm）
收藏于日本东京国立西洋美术馆

捕捉女性的瞬间动作

这幅作品是德加在其成熟期创作的，也是系列作品《化妆的女子们》中的一幅。展现日常生活的瞬间，确切地捕捉到女子试图用布搓背而有点勉强的动作特点。

赏析要点

在德加的彩色粉笔画里，能看到如油画一般的高密度和美丽的着色。雷诺阿与其他印象派画家截然不同，而德加无非是客观地追求女性之美。

053

一生都在画丰富的田园风光的印象派代表画家

阿尔弗莱德·西斯莱

Alfred Sisley

1839—1899年

画家简介

生平

1839 年　10月30日出生在法国巴黎的一个富裕家庭，父母都是英裔法国人。
1857 年　在英国伦敦学习商学，中途回到了巴黎。
1874 年　参加第一届印象派画展。
1883 年　在杜林·鲁埃尔画廊举办个展。
1889 年　移居到卢安河流域的卢安。
1899 年　在卢安逝世。

代表作

《马鲁罗特村之路》1866 年
《鲁弗申庭院的雪景》1874 年
《莫瑞教堂》1897 年

我从天空开始画，因为天空不是单纯的背景。
——阿尔弗莱德·西斯莱

生前不被认可的风景画家

虽然西斯莱的国籍是英国，但他在法国生活了半辈子。18 岁时他成为实业家，赴伦敦学习商业课程。但比起商业，西斯莱对绘画更感兴趣。在回到巴黎后，他开始了画家生涯。西斯莱起初受科罗（详见第 064 页）和库尔贝（详见第 066 页）等画家的影响，之后其风格又接近色彩明快的印象派，并形成了自己独特的画风。西斯莱在生前没能见证自己的成功，逝世后他的作品却得到了大众的认可，现已是公认的印象派代表画家。

《路维希安的风景》（1873 年，布面油彩，54cm × 73cm）
收藏于日本东京国立西洋美术馆

用不变的画风描绘田园风光

这幅作品描绘的是西斯莱1871 年所移居的路维希安村附近的风景。风景虽然很普通，但西斯莱用远近法将草原上延伸的森林、丘陵和广阔的天空描绘得淋漓尽致。

赏析要点

初看没什么重点的画面，却是西斯莱用沉稳的色彩描绘出来的具有典型西斯莱风格的风景画，体现了他在早期作品中对大自然和空间秩序的关注。

我们所有人都带着各自的秘密死去。
——贝尔特·莫里索

曾做过马奈模特的印象派女画家

贝尔特·莫里索

Berthe Morisot

1841—1895年

054

画家简介

生平

1841 年	出生于法国布兰热，父亲是高级军官，母亲是弗拉戈纳尔（详见第 35 页）的远亲。
1864 年	作品初次入选沙龙。
1868 年前后	成为马奈《在阳台上》的模特。
1874 年	与马奈的弟弟欧仁·马奈结婚。
1878 年	女儿朱莉出生。
1895 年	因肺炎逝世。

代表作

《阅读》1869—1870 年

《捉迷藏》1873 年

《院子里的欧仁·马奈和女儿》1883 年

与马奈的弟弟结婚，也为家人作画

莫里索是活跃在印象派中唯一的一位女性画家。她师从科罗（详见第 064 页）和马奈（详见第 070 页）等画家。另外，她还经常作为马奈作品的模特。除了风景画和肖像画等油画外，莫里索还画版画，并积极参展印象派画展。她在 1874 年和马奈的弟弟欧仁·马奈结婚。除了马奈，她还跟许多印象派画家相交甚好。莫里索的画作充满都市气息，用色非常明亮。她经常画亲情洋溢的母子图。

《年轻的母亲和孩子》（1894 年，布面油彩，61.5cm×50.5cm）收藏于广岛美术馆

大胆的笔法和女性独有的主题

在当时的社会，就算经济繁荣，一般市民阶级的女性也不会从事画家这行。然而莫里索是例外，她作品的大多主题跟这幅作品一样，描绘母子。

赏析要点

莫里索作品的主题特别女性化。本作品以绿色为背景，并且大胆使用白色的奔放笔法。画中孩子仰望母亲的动作和表情，传递出了只有女性才有的细腻情感。

055

从美国远渡而来的女性画家
玛丽·卡萨特
Mary Cassatt

1844—1926年

画家简介

生平

1844 年	出生于美国宾夕法尼亚州费城。
1861 年	在宾夕法尼亚美术学院学习了 5 年的基础绘画。
1866 年	远渡法国，开始走上画家之路。
1870 年	因普法战争，暂时回到美国。
1877 年	深受德加影响。
1904 年	获得法国荣誉勋位勋章。
1926 年	6 月 14 日在法国的梅尼尔逝世。

代表作

《一杯红茶》1879 年
《在歌剧院》1880 年
《在庭院里缝衣服的年轻女子》1886 年前后

促进了印象派在美国的传播

出生在费城一个银行家家庭的卡萨特，少女时代曾在法国和德国生活过。她在宾夕法尼亚美术学院学习绘画之后，远赴巴黎。普法战争期间，卡萨特暂时回国，而后再次回到巴黎，走上画家之路。之后，卡萨特得到了德加（详见第 077 页）的赏识，并获邀参加印象派的活动。她总共参加了 4 次印象派画展。此外她还走访了世界各国，创作了许多作品。她以抒情的手法描绘日常风景，受浮世绘影响，作品形成了平面化风格。

我想飞到窗户旁，贴在上面，多汲取德加画作的营养。
——玛丽·卡萨特

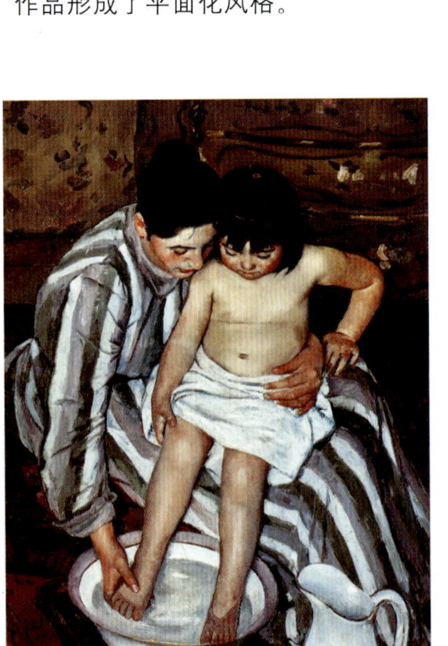

传递母爱的杰作

卡萨特在老师德加教授的彩色粉笔画方向开拓出了新领域。本作品色彩明亮，构图偏俯瞰式是卡萨特的油画代表作之一。从画作平坦的描绘能感受到浮世绘对她的影响。

赏析要点

卡萨特非常热衷于研究，她不仅研究和德加、马奈等同时期的画家们，甚至还研究日本画。后来她的作品形成了将这些融为一体的个性化的精练风格。一边推测这些变化的过程及所受的影响，一边欣赏作品，应该非常有趣。

《洗浴》（1892 年前后，布面油彩，95.5cm×63.7cm）收藏于芝加哥美术馆

印象派的先驱、"天空之王"

欧仁·布丹

Eugene Boudin

1824—1898 年

为了画画，买了一些水果和蔬菜，那是我最后的一点钱。

——欧仁·布丹

画家简介

生平

1824 年　出生于法国诺曼底大区翁弗勒尔的一个水手之家，其父亲是船长。

1851 年　赴巴黎，学习了三年的绘画。

1874 年　参加第一届印象派画展。

1892 年　获得荣誉勋位勋章。

1898 年　8 月 8 日在法国的特鲁维尔逝世。

代表作

《特鲁维尔海滨浴场》1864 年

《卡玛瑞港口》1872 年

《翁费勒尔的堤岸和灯塔》创作年份不详

在乡下的沿海地区，以天空和大海为主题进行创作

布丹在翁弗勒尔对岸的勒阿弗尔经营过一家文具和镜框店铺。他在此遇到米勒，并受其劝说赴巴黎学习绘画。但由于不习惯都市的生活，布丹又回到了家乡。回乡后，他在诺曼底的沿海区域研习绘画。因其采用巨幅画面描绘具有延伸感的天空，创作了独特的海景画，被科罗（详见 064 页）誉为"天空之王"。他还邀请过莫奈（详见第 072 页）参加户外创作。布丹直接深刻地影响了印象派的绘画风格，被认为是印象派的先驱。

《特鲁维尔海滨浴场》（1865 年，布面油彩，35.7cm×57.7cm）收藏于石桥财团普利司通美术馆

天空和大海，知道它们的魅力

位于诺曼底的海边小镇特鲁维尔是巴黎上流社会人士经常出没的景区。这幅作品描绘的也是富裕阶层的游客，天空占画面 2/3 的大胆构图只有被波德莱尔和科罗等誉为"天空之王"的布丹才能创作出来。

赏析要点

布丹应该很熟悉大海和天空的魅力。在表现高空时，他使用了表现宽度和深度的"气象学美学世界"的手法。在整体灰蓝色的色调中，活用红色进行强有力的点缀。

画家简介

生平

1848 年　8 月 19 日出生于法国巴黎。
1873 年　考入巴黎高等美术学院（巴黎国立美术学院）。
1874 年　结识了德加、莫奈等后来的印象派画家们。
1878 年　以殷实的家产资助画家朋友。
1894 年　2 月 21 日在小热讷维耶的家中逝世。

代表作

《地板刨工》1875 年
《欧洲桥》1876 年
《巴黎的街道 · 雨天》1877 年

057

既是印象派画家，又是顾客

居斯塔夫 · 卡耶博特

Gustave Caillebotte

1848—1894 年

不想办一场真正意义上的艺术展览会吗？
——居斯塔夫 · 卡耶博特

描绘现代城市的劳动和生活

卡耶博特出生在一个从事纤维纺织业的富裕家庭，作为绘画的收藏家被人们熟知。他通过购买印象派画家朋友们的画作，在经济上资助他们。然后又将购买的作品，借给他们参加印象派画展，他自己的作品也参展。

他的作品运用了充满光线的笔触来描绘巴黎的风景和风俗，近年来广受好评。其作品多以劳动和市井生活等现代都市生活为主题。

独特的现代都市情景

这幅作品与卡耶博特的代表作《地板刨工》一起参加了第二届印象派画展，模特是卡耶博特的弟弟马歇尔。在当时，钢琴是上流社会的象征。

《弹钢琴的年轻男子》（1876 年，布面油彩，81cm × 116cm）收藏于石桥财团普利司通美术馆

赏析要点

以往的作品，弹钢琴的人物多以女性为主。像本作品这样以男性为模特的情况实属罕见。明亮整洁的房间，透露出卡耶博特喜欢现代城市的室内风景。

058

追求色彩和形态的和谐

詹姆斯·阿博特·麦克尼尔·惠斯勒

James Abbott Mcneill Whistler

1834—1903年

艺术就必须是孤立的。
——詹姆斯·阿博特·麦克尼尔·惠斯勒

画家简介

生平

1834 年　7 月 10 日出生在美国马萨诸塞州洛厄尔 。
1855 年　赴巴黎，跟随夏尔·格莱尔学习绘画。
1877 年　作品《泰晤士河上散落的烟火：黑和金的小夜曲》受到严厉的批评，惠斯勒以侮辱名誉的罪名控告了批评家拉斯金。
1903 年　7 月 17 日在伦敦逝世。

代表作

《白衣女郎》1862 年
《泰晤士河上散落的烟火：黑和金的小夜曲》1875 年

出生在美国、自成一派的画家

惠斯勒的父亲是一名美国军人和铁道工程师。生长在富裕家庭的他，从小受音乐和绘画等艺术的熏陶，但他到了法国之后才开始正式学习绘画。最终，他以巴黎为据点，和画家朋友亨利·方丹· 拉图尔、阿方斯·勒格罗成立了“三人会”。之后，他在伦敦也创建了一个工作室，往返于伦敦和巴黎之间，全力开展创作活动。

《女子肖像》（1870 年，布面油彩，41.5cm×27.7cm）
收藏于日本东京国立西洋美术馆 松方收藏

追求色彩和形态的和谐

就如画面右下角写的“to Annie”一样，这幅作品画的是惠斯勒表哥的女儿、他的侄女安妮（Annie）。这是他的早期作品，但可以从中看出他追求色调的微妙变化的画风。

赏析要点

惠斯勒作品的画面重视色彩和形态的和谐，非常沉稳，近乎单调，与其他追求光和色彩效果的印象派画家作品截然不同。从平涂的色彩表现法和构图等可以看出日本美术对惠斯勒的影响。

在画坛掀起革命的 8 次“印象派画展”

1874 年 4 月 15 日，在巴黎卡皮西纳大街对面，摄影家纳达尔的工作室举办了一个群体画展。这个名为“由画家、雕塑家和版画家等组成的合作股份公司的第一届画展”（以下称“印象派画展”），共有 30 名画家、165 幅作品参展。一个月期间，大约有 3500 名观众来访，然而他们对于展会的评价褒贬不一。

对于莫奈《印象 · 日出》的作品，评论家路易 · 勒鲁瓦在《噪声》杂志上发表评论，嘲讽其只画了一个朦胧印象的东西。然而更为讽刺的是，正因这个挖苦式的评论，“印象派”这个称号流传开了。

第一届印象派画展是在莫奈的提议下举行的，毕沙罗、塞尚、雷诺阿、西斯莱、德加和莫里索等著名画家都参加了。印象派画展从 1874 年的第一届画展到 1886 年的最后一届，共举办了 8 次。

居斯塔夫从 1876 年的第二届画展开始参展，但此时印象派画展依然恶评如潮。《费加罗》杂志甚至评论如今知名度很高的雷诺阿的作品《阳光中的裸女》是“尸体完全腐烂的状态”。

1887 年的第三届画展也是以联展的形式开展，但口碑依旧不好。因为有雷诺阿的《红磨坊的露天舞会》、莫奈的《圣拉扎尔火车站》和德加的《在咖啡厅》等名作参展，展出内容变得丰富多样。这主要归功于上次开始参加画展的居斯塔夫，他调节了德加和莫奈的矛盾，并且负担了全部的费用。德加和其他画家的矛盾很深。第四届、第五届画展，西斯莱、雷诺阿、塞尚和莫奈都没有参加，且第六届画展以德加的作品为主。之后的第七届画展，情况发生了变化，德加没有参展，而西斯莱、莫奈等人回归。最后一届印象派画展，得到大多数评论家的认可。

第八届画展，雷诺阿、瑟拉、西涅克和雷东等年轻画家替代莫奈参加，这让人感受到时代的变迁，第八届是最后一届印象派画展。

艺术历史：
新印象派

色彩理论形成的“点描法”

新印象派

19 世纪末

潜心研究画家所追求的和谐

法国画家修拉的《大碗岛的星期天下午》于 1886 年 5 月公开发表，该作品作为修拉的得意之作参加了第八届（即最后一届）印象派画展。评论家费内翁称赞这个画作为新绘画，而这以后的画风则被称为“新印象派”。

修拉依照色彩理论并尝试在其基础上将原色色点按照色彩规律排列在画面上，利用人的视觉通过距离将色点调和，从而在一定的距离看上去，画面会产生视觉混合的色彩效果。正因如此，修拉的画亮度更高，也达到了更明亮、更多彩的效果。

修拉英年早逝后，其好友西涅克沿用了他的手法，将印象派的理论和技法彻底摒弃，努力让新印象派流传于世。虽然新印象派在将科学引入绘画方面起到了功不可没的作用，但画的轮廓已经不再清晰，构图也被忽视。

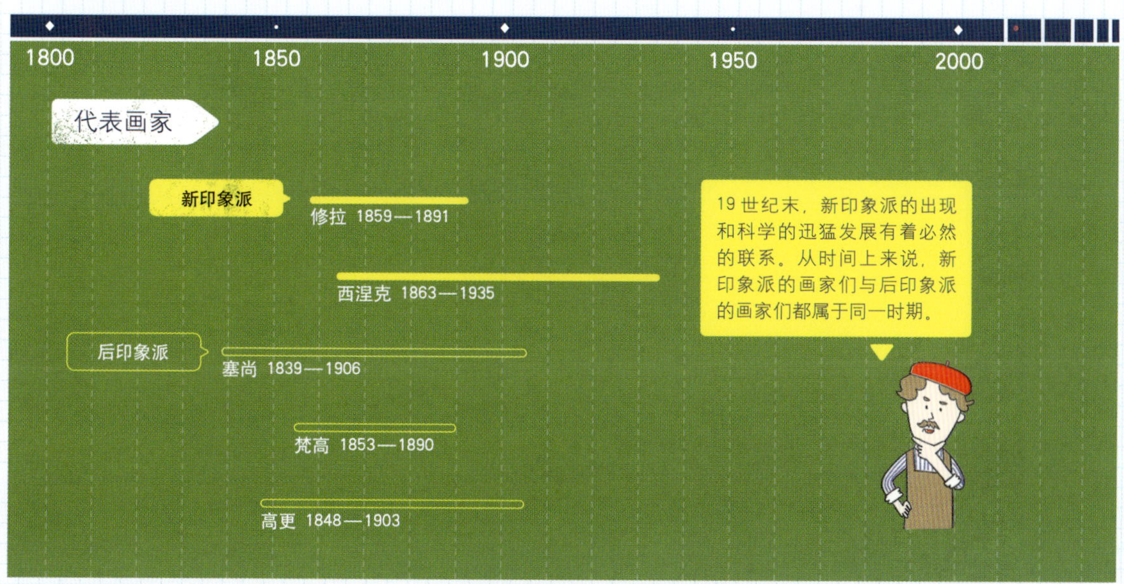

059

新印象派的创始人

乔治·修拉

Georges Seurat

1859—1891 年

画家简介

生平

1859 年　出生于法国巴黎一个富裕的家庭。
1879 年　到巴黎高等美术学院求学。
1884 年　沙龙展的落选作品《安涅尔浴场》在首届独立艺术家沙龙展出。
1885 年　在西涅克的引荐下与毕沙罗相识。
1886 年　《大碗岛的星期天下午》参加第八届印象派画展。
1891 年　3 月 29 日在巴黎逝世。

代表作

《安涅尔浴场》1883—1884 年
《大碗岛的星期天下午》1884—1886 年
《模特们》1886—1888 年

艺术就是和谐。
——乔治·修拉

分析色彩现象，提倡用色点描绘的分割法

修拉在少年时期通过练习素描和模仿历代绘画大师的画作，磨炼了自己的画技。他在巴黎高等美术学院求过学，曾师从亨利·莱曼。服役回来后，受谢弗勒尔等人光学理论的影响，修拉将这一理论应用到素描及油画中，与西涅克一起创造出了新印象派风格及手法。他的作品更具科学性及逻辑性。修拉将这种主张由色彩分割和再排列形成的印象主义发展风格称为“光彩主义”，尔后的理论家费内翁将其称为“新印象派”。

《跳舞的小丑》（1887 年，炭精笔，24cm×31cm）收藏于笠间日动美术馆

为研究色彩而进行的黑白素描

为了学习色彩对比等原理，修拉开始一心研究能表现光影效果的素描。这幅作品中人物的动作通过明暗对比得以呈现。

赏析要点

修拉致力于素描，他用炭精笔和木炭笔大量描绘日常生活的场景。这幅画作的亮点在于明暗对比与柔和的线条所带来的表现效果。

060

修拉去世后新印象派的主导者

保罗·西涅克

Paul Signac

1863—1935年

人们总有一天会意识到，新印象派是现代色彩传统的代表。
——保罗·西涅克

画家简介

生平

1863年	11月11日出生于法国巴黎。
1884年	参与创办独立艺术家协会。同年，与修拉相遇。
1886年	与修拉一同参加第八届印象派画展。
1899年	出版新印象主义著作《从欧仁·德拉克罗瓦到新印象派》
1908年	担任独立派画家协会主席。
1935年	8月15日在巴黎逝世。

代表作

《早餐》1886—1887年

《卡西斯的码头》1889年

《井旁妇女》1892年

与修拉产生共鸣，为新印象派的发展作出贡献

出生于巴黎的西涅克，受印象派代表人物莫奈的影响开始学习绘画。他参加了第一届独立艺术家沙龙展（无审查机制、可自由参加的展览会），并在那里与修拉相识。修拉去世后，他出版了书籍《从欧仁·德拉克罗瓦到新印象派》，尽心尽力地为新印象派的发展作出贡献。修拉早逝之后，西涅克担负起重任，将新印象派理论发扬光大，这也可以作为他主要的成就。

画风巨变的纪念碑似的作品

这幅作品是西涅克乘坐游艇游览地中海的旅途中，途经当时还只是一个小渔港的圣特罗佩港时所创作的。它被称为西涅克画风巨变的一部作品。

赏析要点

这幅作品的构图相对缓和，有别于以往构图严谨的作品。同时，用于描绘的色点也较之前大一些。这些都是西涅克画风发生变化的体现。欣赏这部作品时应当着重关注本作品与西涅克之前作品的差异，以及各个细节所呈现的色彩鲜明的特点。

《圣特罗佩港的出航》（1901—1902年，布面油彩，131cm×161.5cm）收藏于日本东京国立西洋美术馆

最早将梵高介绍到日本的森鸥外

梵高生前并没有出名，卖出去的画也只有《红色的葡萄园》这一幅。关于梵高的唯一一篇评论是法国诗人阿尔伯特·奥里埃在《孤独的画家——文森特·梵高》中所撰写的（《法国信使》创刊号收录）。

1901 年，即梵高去世的十年后，在法国巴黎首次举办了梵高遗作艺术展。1905 年，在阿姆斯特丹和柏林举办梵高画展，后于 1908 年在巴黎再次举办梵高画展。从此，梵高迅速被大众所熟知。

在日本，梵高首次被民众所了解，据说是由于明治时代的文豪森鸥外的介绍。1910 年发行的杂志《昴》刊载的《椋鸟通信》中有如下记载："参观了今年春天柏林的展览，因为有许多画家像塞尚、梵高和马蒂斯等一样使用强烈的纯色，所以重视整体效果的画家，不管他多么热衷于用这种手法创作，其作品看起来都很陈旧。"

森鸥外连载的《椋鸟通信》主要是将德国杂志中与文艺相关联的文章介绍到日本。此后森鸥外也多次在文章中提及梵高。

但是，在日本真正让梵高广为大众所知的，是因为与杂志《昴》同一年创刊的文艺杂志《白桦》。到 1923 年《白桦》停刊为止，共刊载了与梵高相关的 59 篇文章共 73 幅插图。

1911 年的《白桦》7 月刊中，武者小路实笃曾发表诗作《梵高》，这首诗估计在日本乃至世界上都是第一首有关于梵高的诗。

燃烧吧，梵高啊！

拥有燃烧般意志的你啊！

每次一想到你，我就热情高涨，

就像更上一层楼般亢奋。

用尽我全身的力气。

之后，武者小路实笃在许多诗集、短文及小说中不断赞美梵高。作为白桦派的主导者，他的言论对梵高在日本民众心目中的地位的提高起到了很大的推动作用。

艺术历史：
后印象派

近代绘画鼻祖、三位伟大的个性画家

后印象派

19 世纪末—20 世纪初

重拾印象派所遗失的形式的大师们

1880 年后半年至 20 世纪初，以法国为中心活跃的画家们被称作“后印象派”。个性鲜明的塞尚、高更和梵高是后印象派的代表人物。他们的作品于 1910 年在伦敦举办的“莫奈与后印象派画展”中，一同展出并一举成名。但在那时，三人都已与世长辞。

塞尚用色明亮，这一点与印象派不谋而合。他的作品用球形、圆柱形和圆锥形等形状表现自然，而这一画风也对立体主义产生了很大影响。

高更追求形式和色彩的简单化，同时受浮世绘的影响，采用色彩平涂的方法进行创作。

受印象派及浮世绘的影响，梵高喜欢创作色彩明亮的作品。只是他画中的明亮色彩都是在表现自己的内在情感。

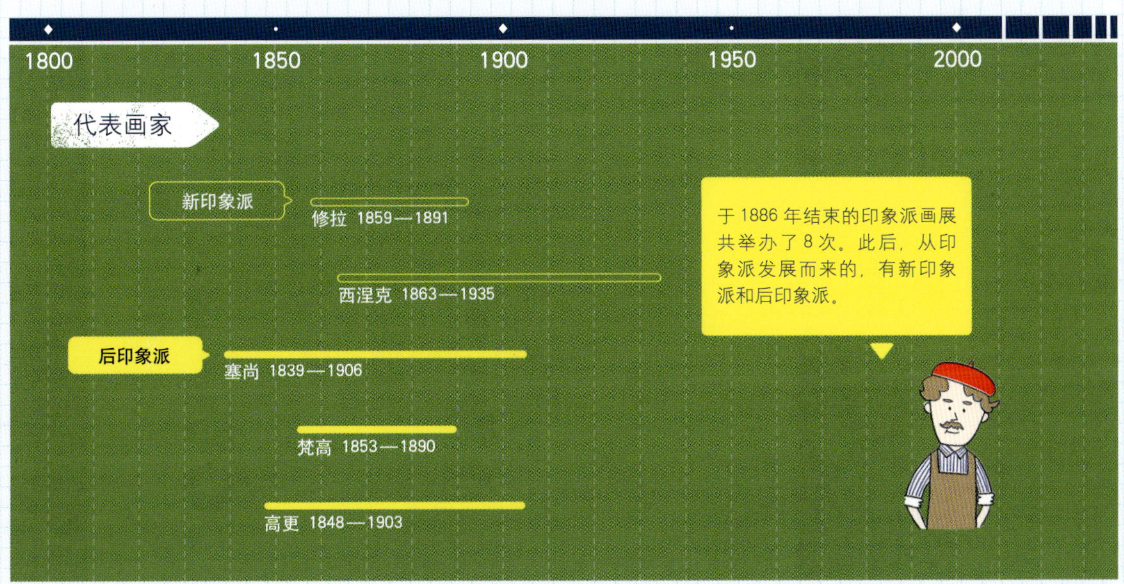

061

近代绘画之父

保罗·塞尚

Paul Cézanne

1839—1906年

请用圆柱形、球形、圆锥形来表现自然。——保罗·塞尚

画家简介

生平

1839 年　出生于法国的埃克斯·普罗旺斯。
1861 年　初次来到巴黎，在此停留数月后回家。
1874 年　参加第一届印象派画展。
1878 年　返回埃克斯·普罗旺斯。
1895 年　在巴黎的画廊举办个人首展。
1906 年　在埃克斯·普罗旺斯逝世。

代表作

《苹果和橘子》1895—1900 年
《浴女们》1898—1905 年
《圣维克多山与城堡》1904—1906 年

向保守派美术界发起挑战，向新时代出发

1861 年塞尚来到巴黎，在瑞士美术学院学习绘画，但由于拿不出作品感觉到挫败，最终回了故乡。他曾一度在父亲的银行工作，但成为画家的梦想始终萦绕于心，于是在 1862 年，他再次回到巴黎。此时，已开始从事绘画的塞尚再次去瑞士美术学院学习，并在那里与后来的印象派画家们相遇。

塞尚的作品连续在沙龙展落选，因为沙龙展青睐的是古典主义的作品，因此评审员们看到与这种风格相去甚远的作品，十分愤慨。总之，保守派的评审员们并不认可塞尚的作品。

与学院的伙伴们一起开创了印象派，并作为其中一员进行创作的塞尚，最终脱离了印象派，开始步入自己独特的创作之路。

1878 年，塞尚再次回到故乡埃克斯·普罗旺斯，并长留于此，他深深地被故乡的风景和自然风光所吸引。塞尚创作了很多有关埃克斯·普罗旺斯的风景画，其中以圣维克多山为主题所作的画就有 30 多幅。

在这片土地上，塞尚创作了很多风景、静物及人物作品。直到 1895 年他的作品才引起世人的关注。那一年他首次举办了个人展览会，并终于获得了认可。正是因为这次展览，他的画作开始被高价收购，且在 1900 年的巴黎万国博览会上展出三幅作品。他得到了年轻一代的广泛支持，对之后的毕加索（详见第 130 页）和布拉克（详见第 133 页）产生了巨大的影响。

《苹果与餐巾》(1879—1880 年，布面油彩，49.2cm×60.3cm) 收藏于损保日本东乡青儿美术馆

一直画苹果的原因

塞尚和小说家爱弥尔·左拉是好朋友。曾经有过这样一个趣闻，作为友情的见证，年少的左拉给了塞尚一个苹果。塞尚创作了许多描绘苹果的作品，为了追求画面的美感及形态上的量感，苹果也就变成了画中相应的主题。这幅作品是其中之一。在作品中，桌面上摆放着苹果和餐巾，与背景的灰绿色形成鲜明对比。画里面苹果随意地摆放在桌上，一方面蕴含着宗教的意义，另一方面有可能是倾注了与左拉友情的回忆。另外，塞尚还有这样一句名言流传于世，“我用一个苹果震撼了整个巴黎”。

赏析要点

从这幅作品中可以看出塞尚用了一种叫作“构造性笔触”的画法，通过平行微妙地改变色彩，建立独特的绘画规律。

小 知 识

从晚年开始受到瞩目

塞尚受到世界瞩目是在他举办了个人首展后，当时他已经56岁，而他在67岁逝世。另外，对初期立体主义的布拉克和毕加索，又或是马蒂斯（详见第122页）等之后的画家们而言，塞尚的作画手法便成了他们的模板。塞尚无愧于“近代绘画之父”的称号。

世界名画赏析之二

保罗·塞尚《圣维克多山与城堡》

《圣维克多山与城堡》(1904—1906 年，布面油彩，66.2cm×82.1cm) 收藏于石桥财团普利司通美术馆

近代绘画之父垂暮之年所创作的故乡之山

在塞尚的画作中，描绘圣维多克山的有 30 多幅，描绘黑色城堡的有 4 幅，而同时在画作里描绘两者的只有 2 幅画作。1880 年，在塞尚所创作具有相同构图的作品中，山的棱角、树干和叶子都描绘得很清晰。但在用粗犷的笔触描绘的这幅作品中，画面右上方的深绿色树木与天空的分界线已不再明显。

随着时间的流逝，塞尚的画作中写实的要素已经越来越淡，就像这幅作品一样，他开始用立体的手法来描绘自然。之后，这种手法对毕加索与布拉克等立体主义者产生了巨大的影响。

这幅作品目前收藏于东京的石桥财团普利司通美术馆。馆内还藏有美术馆的创始人石桥正二郎收集的莫奈、雷诺阿、德加、梵高和高更等画家的 19 世纪法国绘画集。馆中共藏有 1800 多幅作品以供展览。

062

后印象派的代表人物、激情的巨匠

文森特·梵高

Vincent van Gogh

1853—1890年

怎么说好呢，有时候我会深知宗教存在的必要性。每当到了那个时候，我都会在深夜出门去画一幅星空图。——文森特·梵高

画家简介

生平

1853 年　出生于荷兰南部布拉邦特津德尔特市集中心的牧师公馆。

1869 年　入职于海牙古皮尔画廊分店。

1886 年　去往法国南部阿尔勒，住在“黄房子”。

1888 年　入住精神疗养院，1890 年 5 月 16 日出院。

1890 年　7 月 27 日，用手枪击中自己的胸部，两日后逝世。

代表作

《唐吉老爹》1887 年

《星月夜》1889 年

《有丝柏的道路》1890 年

追求表现形式的结局，“黄房子”和精神疗养院

梵高出生在一个牧师家庭。1869—1876 年间，梵高作为古皮尔画廊的员工，曾在海牙、伦敦及巴黎工作。之后，他在英国担任过老师，在比利时从事过传教士的工作。直到 1880 年，他立志成为画家。1886 年，他在安特卫普美术学院学画，随后去了巴黎投靠弟弟提奥。在那里受到印象派及日本美术的影响，与毕沙罗（详见第 075 页）等相识后画风转变成印象派。1886 年移居法国南部的阿尔勒。这时候，梵高租下了“黄房子”（即他的作品《黄房子》中出现的建筑），创作了很多画作。

在“黄房子”开始生活的梵高怀有这样一个梦想，即建立一个画家联盟，能和志同道合的画家朋友们一起互相鼓励，创作出优秀的作品。但是参加的画家只有高更一人，二人一起创作的生活也没有持续很长时间。高更留下梵高，一个人回到了巴黎。之后，梵高的精神开始不正常，并住进了精神疗养院。也正是这个时期成就了梵高独特的画风，即拥有绚丽色彩与波浪线的画风。

随后梵高出院，搬到了瓦兹河畔欧韦，在毕沙罗的引荐下接受了精神科医师保罗·加歇的治疗。身为医师的加歇曾与多名画家有过交流，对艺术也有自己的理解。在此地接受治疗的梵高，由于精神病复发，用手枪射击了自己的胸口。虽然有幸存活下来并且精神面貌有了改观，但伤口再次恶化，在提奥的照顾下逝世。梵高的作品在生前几乎没有被重视，直到进入 20 世纪后，他的作品才获得高度肯定，此后他被称为“后印象派大师”。

《玫瑰》(1889 年，布面油彩，33cm × 41.3cm) 收藏于日本东京国立西洋美术馆 松方收藏

在精神病院住院时找到了丰富的主题

这幅作品最初被认为是梵高在阿尔勒最后的作品。1985 年在东京国立西洋美术馆举办梵高艺术展时，有专家提出不同意见，认为这幅作品所描绘的是梵高住院时所在的圣雷米疗养院里面的花园。1889 年，为了从阿尔勒转到精神疗养院疗养，梵高来到了圣雷米。住院时，他也没有停止创作，除这幅作品外，还创作了《有丝柏的道路》等作品。

赏析要点

这幅作品是梵高在圣雷米疗养院住院时所创作的。画风受高更的影响，由平面的样式向梵高式的粗犷笔触转变。从中可以看出，既兼顾了阿尔勒时代平面的表现手法，也采用了变得粗犷的波浪线的手法。

与日本有深厚渊源的梵高

位于荷兰阿姆斯特丹的国立梵高美术馆收藏着梵高的《播种者》，还有同时期的高更及洛特雷克（详见第 142 页）等画家的作品。日本建筑家黑川纪章设计的新展馆中，也展示了梵高所钟爱的日本浮世绘。

世界名画赏析之三

文森特·梵高《向日葵》

《向日葵》(1888 年，布面油彩，100.5cm×76.5cm) 收藏于损保日本东乡青儿美术馆

在阿尔勒发现的生命之色——黄色

1987 年在伦敦国家美术馆拍卖时，梵高的这幅《向日葵》以总价约 3.4 亿元人民币成交。将这幅画作买到手的是日本安田火灾海上保险（即现在的日本损害保险）公司。

为了追求明媚的阳光，梵高移居到了法国南部的阿尔勒。为了表现更加亮丽的色彩，他把被称为"生命之色"的黄色和白色相混合，创作出了这幅《向日葵》。

梵高一共创作了 12 幅《向日葵》，而其中有 7 幅作品是在阿尔勒完成的。这幅作品的亮点在于画中央的向日葵花蕊处那似红色眼睛的点，这部作品是以伦敦国家美术馆的藏画作为摹本所描绘的。

现在，损保日本东乡青儿美术馆除了这幅画作外，还收藏了 650 多幅近代西洋绘画名作和以唯美浪漫画风出名的东乡青儿的作品。

063

追求原始感觉的艺术家

保罗·高更

Paul Gauguin

1848—1903年

你们所热爱的我的艺术只不过处于萌芽阶段。为了我自己，我希望能够在土地上，将萌芽的种子原始而自由地养育大。——保罗·高更

画家简介

生平

1848 年　6 月 7 日出生于 2 月革命刚爆发后的动荡之都法国巴黎。
1876 年　初次参加官方沙龙展。
1883 年　辞去股票经纪人的职务，成为一名职业画家。
1899 年　创作《红花与乳房》。
1903 年　5 月 8 日心脏病突发逝世。

代表作

《阿尔勒的夜咖啡馆》1888 年
《塔希提的年轻姑娘》1891 年
《母性》1899 年

一生不断追求梦想乐园的男人

1848 年，高更出生于处在动荡中的法国。路易·拿破仑就任法国总统后，身为共和派新闻记者的高更之父担心受到打压，举家逃到南美。高更小时候的生活环境可能在一定程度上造就了他向往理想生活的状态。

1871 年，高更开始学习绘画。1876 年，他的作品首次入选官方沙龙展。后来高更在同事埃米尔·修弗内克的劝说下，进入克洛斯美术学院学习，后又与印象派大师毕沙罗相遇，参加印象派画展。

高更常常追求自由乐园。因此，他在阿尔勒和布列塔尼等地逗留后，于 1891 年移居到塔希提岛。为避免受到城市文明的影响，他从市中心来到了一个名为玛泰亚的小村庄落脚。这个时期他所创作的作品，都是类似于《大溪地风光》这类描写大溪地自然风光与人物的画作。高更在 1895 年再次来到大溪地。但此时的他已身心俱疲，不像上次那样充满梦想和希望，而《哥耳哥达山丘旁的自画像》等作品正是这个时期高更心态的体现。

高更擅长采用粗线条分割画面的“分割主义”手法。通过简化的形体与强烈的色彩来构建坚固且具有装饰效果的构图。在当时，随着欧洲向其他国家扩张，异国他乡的情调也在欧洲流行开来。南方国家是很多画家向往的地方。

对于高更而言，受到西洋文明影响的大溪地似乎与其所追求的理想之地有所差距，但即便如此，为了追求梦想的乐园，高更依然在此地努力地创作。他创作了多幅有关沐浴着金色阳光的塔希提女性的作品。

《阿尔勒阿利斯康小巷》（1888 年，布面油彩，72.5cm×91.5cm）收藏于损保日本东乡青儿美术馆

阿尔勒色彩鲜艳的秋日之光

阿利斯康位于阿尔勒东南角。在拉丁语里，阿利斯康有极乐世界的意思，这里原本是古代异教徒的墓地。这幅作品是高更和梵高一同在阿尔勒生活时所创作的画作，高更以街旁的树为题材创作了这部作品并留存了下来。在这幅作品里，温暖的阳光下，叶子红了、草木枯了、落叶飞舞的情景，能使人感觉到秋天的到来。在此之后，高更离开阿尔勒，去布列塔尼开展了与印象派不同的、独特的流派。

赏析要点

“平涂大胆的色彩”与“分割主义”，这些都是在描述高更时会频繁出现的词汇。从本幅作品中也可以欣赏到高更那用简单的轮廓线分割画面，用明亮的色彩来平铺版面这一独特的手法。

小知识

高更与埃米尔·伯纳德

高更所谓的综合主义不只是色彩和形态的结合，也追求现实世界与内心精神世界的结合，但是创立这个理论的高更与自认为是理论创立者的埃米尔·伯纳德产生了分歧，两人最终不欢而散。

版画的起源及其种类

用木板将图像印刷在纸上的“木版画”14 世纪末的欧洲才在出现。现存最古老的作品大多收藏在德国。版画的样式可能因画家而异。初期的木版画平面且多装饰性图案，其形状使用简单的粗线条明晰地勾勒出来，阴影的使用也受到控制，多用手工上色。

德国画家丢勒将纤细的线条引入木版画的世界，用于创作高水平的艺术作品。木版画由丢勒一手创立，因此他的作品成了后来版画技术的模板。

丢勒也留下了雕塑版画作品。这种技法是用一种名叫“雕版刀”的铜制雕塑刀，首先在铜等金属板上雕塑一个 V 字形的沟槽，随后在里面倒入墨汁，将版面擦拭干净后放上湿纸再进行印刷的。比起木版画，雕塑版画可以创作出更加细腻的作品。

此外，丢勒还留下了使用“铁蚀刻技法”创作的作品。蚀刻技法是指在金属板上涂上一层抗酸性树脂，划出防腐蚀层，然后用尖笔在上面创作，之后，将金属板浸泡在酸液中，让酸液腐蚀划痕，取下树脂后上墨，印刷在纸上的一种技法。不久，铜板就代替了铁板在蚀刻技术中的应用。

蚀刻版画的特征是，可以丰富地使用阴影，它不像雕塑版画一样需要高超的技艺。因此，就连活跃于 18 世纪到 19 世纪前期的戈雅也将蚀刻技术用于版画创作中。

1796 年，塞内菲尔德发明了石版画。石版画是用油性的彩色铅笔等在有渗透性的石头或金属板上绘制图案，然后将定型的版面弄湿后上墨，使其只吸附含油的图案部分，然后按压它进行印刷的一种手法。一块石版可以绘制多个作品，因此也被广泛用于商业设计领域。

艺术历史：
象征主义

描写看不见的幻想和神秘

象征主义

19 世纪末—20 世纪初

唤起想象力，描绘精神世界

19 世纪后期，突飞猛进的科学技术促进了近代化的飞跃发展。然而另一方面，对物质主义社会的强烈排斥和逃避，激发了人们对神秘主义、宗教和诗意理念的兴趣。

在艺术领域，出现了反对实证主义和自然主义等的运动，取而代之的是“象征主义”，它追求用虚幻的理念和情感等来表现形状、色彩和声音。

1848 年在英国兴起的拉斐尔前派继承了浪漫主义，成为象征主义的先驱。而在法国，受高更的影响，出现了以居斯塔夫·莫罗、皮维·德·夏凡纳和雷东为代表的阿旺桥村画派和纳比派等画家。

象征主义在比利时、荷兰及意大利等德语圈国家获得了独特发展。

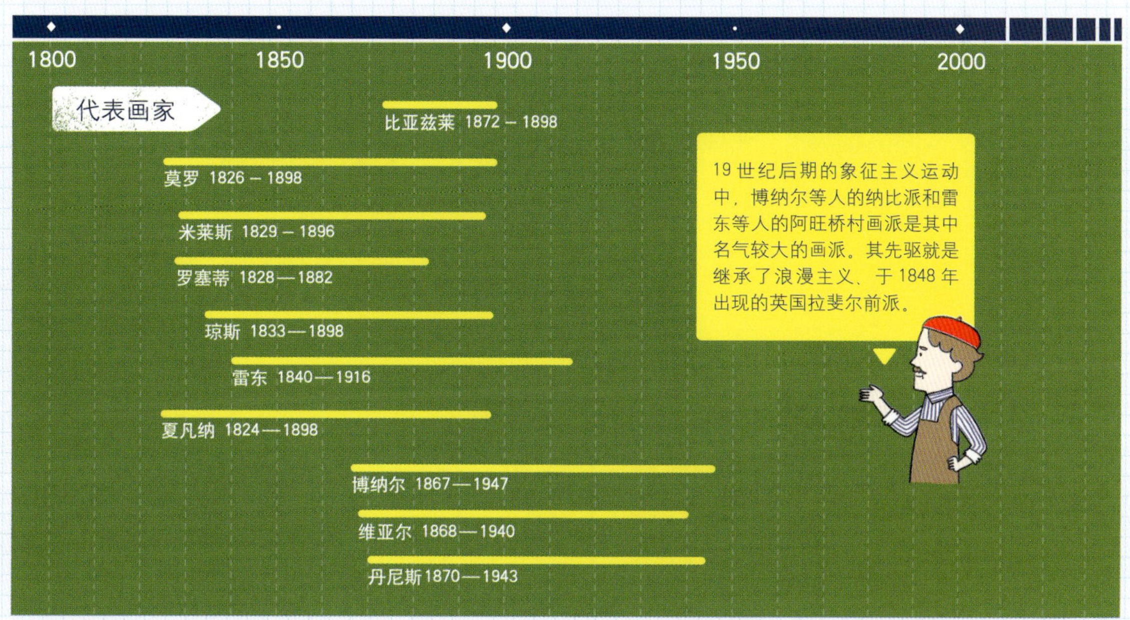

画家简介

生平

1872 年　8 月 21 日出生于英国的布莱顿，自幼就体弱多病。
1889 年　任职于一家保险公司。
1891 年　在威斯敏斯特美术学校求学，之后绘制了出道作《亚瑟王之死》的插图。
1894 年　为英文版《莎乐美》作插图。
1898 年　3 月 16 日在法国南部逝世。

代表作

《伊索尔德》(《画室》杂志1895 年10 月号附录)
1895 年

064

19 世纪活跃于英国的插画家

奥博利·比亚兹莱

Aubrey Beardsley

1872—1898 年

鲜明的黑白对比

虽然奥博利·比亚兹莱 26 岁时就英年早逝，但其出众的绘画才能得到世人认可。他在拉斐尔前派的代表人物爱德华·伯恩·琼斯（详见第 103 页）的鼓励下走上了绘画的道路。比亚兹莱的画风受到 19 世纪末文学、拉斐尔前派、希腊神话及日本浮世绘等的影响，形成了独具一格的绘画风格。他擅长用纤细且柔美精致的线条来创作插画。比亚兹莱利用强烈的黑白对比，让作品充满着恶魔的美感及性的诱惑，使无数人为之疯狂。

周围的灯光太暗，我看不到黑暗中前进的道路。在黑夜的狂风暴雨中，我似乎用尽了力气，然而旅程却才刚刚开始。——奥博利·比亚兹莱

《高潮》（奥斯卡·王尔德作品《莎乐美》插画、《画室》杂志创刊号收录 1893 年，线条画，95.5cm×64.9cm）收藏于郡山市立美术馆

颓废的气氛、秀逸的构图

这幅作品描绘的是这样一幅画面：莎乐美对圣人施洗约翰求爱遭拒后，为希律王跳舞时，得到希律王的嘉奖。此时她趁机索要圣人的首级以作为奖励，最后她亲吻圣人被斩首的头颅。这幅作品是《画室》杂志创刊号中的插画。

赏析要点

《高潮》这幅作品比以往比亚兹莱在英国所创作的任何一部插画作品都更让人战栗及愤怒。在这幅画中，比亚兹莱用装饰性的曲线来描绘从头颅滴落的血向池塘流去的画面。流畅优美的线条与黑白方寸之间强烈的对比使这幅作品极具艺术美。

我只相信我肉眼看不见的东西，我也只相信我感觉得到的东西。——居斯塔夫·莫罗

065

连接 19 世纪末浪漫主义与象征主义的桥梁

居斯塔夫·莫罗

Gustave Moreau

1826—1898 年

画家简介

生平

1826 年　4 月 6 日出生于法国巴黎。

1857 年　赴意大利进行创作之旅，致力于临摹拉斐尔等文艺复兴时期艺术大师们的画作。

1876 年　以《幽灵》参加官方沙龙展，一举成名。

1892 年　成为法国国立美术学院教授，教过马蒂斯和鲁奥等。

1898 年　4 月 18 日在法国巴黎逝世。

代表作

《俄狄浦斯和斯芬克斯》1864 年

《拿着俄耳浦斯头颅的色雷斯姑娘》1865 年

《幽灵》1976 年

独特地表达神话故事与宗教主题

莫罗用纤细的线条及华丽的色彩重新描绘以神话和宗教等为主题的画作。他的作品色彩多变，深沉而又闪烁，独具一格。正因如此，他被称为“19 世纪初浪漫主义与 19 世纪末象征主义的桥梁”。他对 20 世纪的超现实主义及抽象派绘画都产生了深远的影响。莫罗晚年时成为法国国立美术学院教授，教过后来活跃于画坛的鲁奥（详见第 124 页）和马蒂斯（详见第 122 页）等画家。

在梦幻般的光线中创作的作品

莫罗描绘的是因批判犹太国王而遭遇牢狱之灾的约翰和索要他首级的公主莎乐美的故事。这一幕是约翰的头颅掉落了的场景。莎乐美倚靠在柱子上面朝下凝视着装着约翰头颅的盘子。

赏析要点

朦胧的灯光照射下的楼梯和刑具，使整个画面呈现出一种梦幻般的氛围。莫罗用华丽的色彩描绘了多幅莎乐美在绚烂的灯光下跳舞的作品。这部作品是斩首场景中莎乐美暗自冥想的画面。

《牢狱中的莎乐美》（1873—1876 年，布面油画，40cm × 32cm）收藏于日本东京国立西洋美术馆，松方收藏

066

突出写实与唯美的画家

约翰·埃弗里特·米莱斯

John Everett Millais

1829—1896 年

画家简介

生平

1829 年　6 月 8 日出生于英国南安普顿。
1839 年　移居伦敦。
1848 年　和罗塞蒂等一起创立拉斐尔前派。
1852 年　《奥菲丽亚》在英国皇家美术学院展览中展出，受到高度好评。
1896 年　被任命为英国皇家美术学院院长，8 月 13 日在帕勒哥多逝世。

代表作

《耶稣在自己父母家中》1849—1850 年
《奥菲丽亚》1851—1852 年
《秋季的落叶》1855—1856 年

以细腻的画风创作出的人气作品

1829 年出生于英国的米莱斯，幼年时期就表现出非凡的绘画才能，11 岁进入英国皇家美术学院。当时英国画坛正流行拉斐尔之后所倡导的现实理想美之风，米莱斯对此提出异议，便与志同道合的伙伴们兴起一场美术改革运动，创立了拉斐尔前派，并积极开展试图使绘画风格回到拉斐尔以前的、初期的意大利绘画的艺术运动。

米莱斯的作品既具有写实性，又饱含着满满的无限感伤，极具风格。他创作了唯美的肖像画、风景画等题材广泛的作品，在当时拥有很高的人气。

只是，只有微妙而安静的表情才能与无瑕的美丽相兼容。要画一幅谁看了都觉得很完美的肖像图的话，那么画 8 岁左右性格已形成，而表情未固化的少女最好。——约翰·埃弗里特·米莱斯

《雏鸭》（1889 年，布面油画，121.7cm × 76cm）收藏于日本东京国立西洋美术馆

利用光和影有情调地表达主题

从画作的名称《雏鸭》也可看出，画面正前方的鸭子和少女在某种程度上重合，这里面应该有一些特殊的寓意。

赏析要点

因为米斯莱的作品非常细腻，因而细节处可能隐藏深意。比如这幅作品中小女孩手中所拿的东西，既可以看作是书信，也可以认为是手帕。关于这一点至今没有定论，仍然是一个重要的谜题。

赏析要点

画中这个无精打采地凝视着某一处的女人，应该是中世纪骑士故事中出现的公主。同年，罗塞蒂以相同题材，创作了一幅水彩画，不过模特换了。

拉斐尔前派的代表作家

但丁·加百利·罗塞蒂

Dante Gabriel Rossetti

1828—1882年

《爱之杯》（1867年，木板油画，66cm × 45.7cm）收藏于日本东京国立西洋美术馆

不受传统束缚，自由自在地追求美

但丁·加百利·罗塞蒂于1828年出生在伦敦的一个意大利裔家庭。他的父亲是一名流浪诗人，给他起了和14世纪佛罗伦萨诗人但丁相同的名字。他从小在艺术氛围浓烈的环境中长大。17岁的他与米莱斯相识，并同米莱斯（详见第102页）等人一起创立了拉斐尔前派。有人认为他的画太缺乏表现力，过于格式化。但罗塞蒂不拘泥于成见，旨在表现自己独特的画风，他的画不仅唯美，而且具有独特的风格。

参与艺术及工艺运动

爱德华·伯恩·琼斯

Edward Burne Jones

1833—1898年

《福罗拉》（1868—1884年，布面油画，95.5 × 64.9cm）收藏于郡山市立美术馆

以中世纪神话故事为主题进行梦幻般的创作

伯恩·琼斯的父亲是一名电镀师。伯恩·琼斯原是牛津大学学生，在学习期间结识了威廉姆·莫里斯，并受其影响，对美术产生了浓厚的兴趣。他以与但丁·加百利·罗塞蒂的相识为转机，成为一名画家。在意大利旅行途中，受波提切利等人的影响，他的作品更趋向于之后的神秘主义。伯恩·琼斯的作品富含装饰性和梦幻色彩，深受欢迎。

赏析要点

这幅前后共耗费了16年时间创作而成的作品，是伯恩·琼斯的代表作。画面里看上去像金色雾霾的东西，其实是从女神指尖所播撒下去的金色的种子。每一粒种子都是画家一笔一画、细致且不遗余力地描绘上去的。

画家简介

生平

1840 年　4 月 22 日生于法国西南部波尔多。
1864 年　跟随学院艺术大师让莱昂·杰罗姆学习了一段时间。
1879 年　出版石版画集《在梦中》。
1890 年前后　开始创作不同于之前的、色彩鲜艳的作品。
1916 年　在巴黎的家中逝世。

代表作

《独眼巨人》1895—1900 年
《花中的奥菲丽亚》1905—1908 年
《长颈瓶中的鲜花》1912 年

069

用独特的色彩描绘幻想世界

奥迪隆·雷东

Odilon Redon

1840—1916年

黑色，是最本质的颜色。
——奥迪隆·雷东

从“黑色画家”到“彩色画家”的转变

法国画家、版画家雷东最初沉浸在黑色版画的世界里中，他的作品描绘了令人毛骨悚然的生物所生活的令人恐怖的幻想世界。1890 年左右，雷东开始画油画和彩色粉笔画，作品呈现色彩明亮鲜艳的特点。他的作品以人物、花卉和神话等为主题，画面充满神秘的美感。雷东转型为“彩色画家”之后，他描绘眼睛看不到的事物的本质并未改变。将插满杂乱开放花朵的花瓶放在不可思议的空间而非桌子上的画法等不失幻想色彩。

《闭眼》（1900 年前后，布面油彩，65cm × 50cm）收藏于岐阜县美术馆

从黑色时代一下转变到描绘彩色的梦幻作品

《闭眼》是雷东从黑色世界向彩色世界转变过程中所创作的作品。画中女性的表情犹如在梦中一般，不知是现实还是非现实，被五颜六色的梦幻的花朵包围着。

赏析要点

雷东虽然和同时代的印象派画家们有过交流，但坚持画全然不同的幻想世界。他初期创作了许多单色的石版画，50 岁之后才开始创作色彩丰富的油画和彩色粉笔画，但他充满幻想的画风从未改变。

070

创作了诸多壁画的法国巨匠

皮埃尔·皮维·德·夏凡纳

Pierre Puvis de Chavannes

1824—1898年

我尝试简化古代的手法。——皮埃尔·皮维·德·夏凡纳

画家简介

生平

1824年	12月14日出生于法国里昂。
1848年前后	游访意大利时，深受文艺复兴壁画感染。
1854—1855年	首次创作壁画装饰。
1898年	10月24日在巴黎逝世。

代表作

《少女和死亡》1872年
《梦》1883年
《艺术与缪斯女神们》1884—1889年前后

用稳定的构图描绘阿卡迪亚（桃源乡）

夏凡纳作为法国19世纪的代表壁画家被人们所熟知。他出生于里昂名家，在意大利领悟到了绘画的真谛。他为马赛隆尚宫和巴黎先贤祠等建筑物绘制装饰壁画，其中神话主题的作品等获得了很高的评价。夏凡纳采用由浅色系色调组成的古典且具有装饰性的构图，以文学、寓言和神话为主题，创造了格调高雅的画风。因受在意大利旅行期间所见的湿壁画的影响，他开始用沉稳的色彩描绘静谧、美丽的阿卡迪亚（桃源乡）。

深沉的情绪酿造出的杰作

这幅作品与奥尔赛美术馆收藏的《贫穷的渔夫》不同，它描绘的是在广袤无垠的海天交界处，小舟上站着身着粗布衣服、低垂着头的渔夫。

赏析要点

渔夫站立在有婴儿入睡的渔船上，似乎在闭眼祈祷，其样子让人联想到了耶稣。作品描绘了微弱的光线所照射的遥远海平面及岸边的黄色小花。这犹如时间停止流逝般的静谧画面，会唤起欣赏者对宗教的兴趣。

《贫穷的渔夫》（1881年前后，布面油彩，105.8cm×68.6cm）
收藏于日本东京国立西洋美术馆，松方收藏

色彩吸引着我，我几乎是无意识地为了色彩而牺牲对形状的描绘。然而，形状是确实存在的，不能随意地省略和改变它。
——皮埃尔·博纳尔

071

用丰富的色彩描绘日常情景

皮埃尔·博纳尔

Pierre Bonnard

1867—1947年

画家简介

生平

1867年　10月3日出生于法国巴黎。
1887年　在朱利安美术学院的夜间学校学习，结识了丹尼斯和塞吕西耶。
1888年　和丹尼斯、塞吕西耶等人创立了纳比画派。
1893年　与妻子玛尔泰相遇，之后频繁地创作描绘玛尔泰的作品。
1947年　1月23日在法国勒卡内逝世。

代表作

《马车》1895年前后
《逆光下的裸女》1908年
《戛纳湾》1935年前后

受浮世绘的影响使用鲜艳丰富的颜色

博纳尔的父亲是陆军军官。在资产阶级家庭长大的博纳尔，在大学学习法律的同时，还在朱利安美术学院学习绘画。在那里他结识了保罗·塞吕西耶和维亚尔（详见第107页），并和他们共同开创了自诩是新艺术先驱的纳比画派。博纳尔的作品多以自己和妻子玛尔泰共同沐浴等和睦的日常生活情景为切入点，用鲜艳且丰富的色彩营造出非常温馨的氛围。也因受浮世绘等日本美术的影响，画面具有平面性和装饰性。

《坐着的少女和兔子》（1891年，布面油彩，96.5cm×54cm）收藏于日本东京国立西洋美术馆

关注作品的二维空间构造

纳比画派的核心人物博纳尔非常喜欢浮世绘，甚至被朋友起绰号叫“纳比·日本纳尔”。他的作品一般采用平面表现而非三维空间表现，可知其深受浮世绘的影响。

赏析要点

对于追求平面装饰的博纳尔来说，日本浮世绘对其有很大的影响。从其纵向构图的画面、对女性S形形体的描写及二维空间构造等方面都可以感受到浮世绘的影响。

《缝衣服的维亚尔夫人》（1920 年，布面油彩，33.7cm×35.8cm）
收藏于日本东京国立西洋美术馆

072

纳比画派和内景主义画派的代表画家

爱德华·维亚尔

Edouard Vuillard

1868—1940年

赏析要点

这幅着眼于身边熟悉事物的内景主义作品，体现了维亚尔的绘画特点。通过描绘自己的母亲在缝补衣服时的姿态，可以感受到维亚尔对母亲的爱。

用大胆的构图描绘日常生活

维亚尔是活跃在 19 世纪到 20 世纪的法国画家。他和莫里斯·丹尼斯等人共同创立了纳比画派。他的画以日常生活为主题，从而形成了平和的画风与细腻感性、装饰性的风格。其具有深刻象征意义的室内画得到了很高的评价。作品中沉稳、素雅的色调让人联想到孑然一身、不嗜酒且性格温和的画家本人的形象。

073

坚持对平面表现的追求

莫里斯·丹尼斯

Maurice Denis

1870—1943年

赏析要点

一群身着古代白色长裙、头戴花环的少女在繁花盛开的田野上翩翩起舞，她们身后的背景是深受画家喜爱的佛罗伦萨郊外的菲耶索莱。此作品是一幅以古典为题材、色彩明快的画作。

用自己独特的色彩和造型描绘宗教画

丹尼斯是纳比画派核心成员之一，他经常描绘神话和《圣经》中的场面，其作品的特征是画面色彩神秘、曲线优美。丹尼斯也是纳比画派理论的指导者。他提倡用清晰的轮廓和简单的色彩创作二维绘画，这对近代绘画的改革起到了非常大的作用。纳比画派的运动结束后，他创作了许多明朗、单纯且充满生气的宗教画。

《舞蹈的少女们》（1905 年，布面油彩 147.7×78.1cm）
收藏于日本东京国立西洋美术馆
松方收藏

分离派和工艺美术运动

19 世纪末，在德国和澳大利亚，也就是所谓的“德语圈”的各个国家中，相继诞生了许多旨在脱离美术学院派和沙龙（官展）等旧权威，进行自由艺术活动的年轻艺术家团体。他们用意为从旧权威中“分离”“独立”的拉丁语“secession”为自己命名。在日本他们被称为“分离派”。

1892 年是具有历史意义的一年，那一年画家斯托克等成立了最早的分离派——“慕尼黑分离派”，紧接着 1897 年画家克里姆特和建筑家霍夫曼等成立了“维也纳分离派”，之后 1898 年画家利贝曼等也成立了“柏林分离派”。

分离派的画风与同时代的象征主义及后来的表现主义具有相通之处。

但是，分离派和其他的绘画流派有所不同，其中一大特征就是，除了画家之外，还有建筑师和设计师参与其中。他们不仅在绘画领域，也试图在工艺等领域广泛地开展综合艺术运动。

其中，克里姆特领导的维也纳分离派，在 1903 年成立了包括建筑、室内装饰甚至印刷美术设计的“维也纳工作室”。他们确立了名为“青春风格”（新艺术派风格）的平面曲线装饰风格。

这股综合艺术运动浪潮的核心是 19 世纪后期由英国的威廉·莫里斯等人开展的工艺美术运动。

另外，这股浪潮与以法国和比利时为中心诞生的“新艺术”（art nouveau）也有所关联。它们的共同之处在于，在绘画中运用了曲线与平面的装饰。此外，在工艺和建筑等领域，使用植物和昆虫等自然主题的图案及用铁或玻璃等新材料进行创作等也是两者共同的特征。

20 世纪初期，这一潮流在欧洲乃至世界范围内都流行，日本也受其影响，其中受其影响最大的是陶艺领域的板谷波山等陶艺家。

艺术历史：
世纪末艺术

表现内心的感情而非表面

世纪末艺术

19世纪末—20世纪初

19世纪末流行的自由的艺术表现

世纪末艺术是指19世纪末期的艺术趋势。和保守的权威完全不同，追求自由表现的世纪末艺术运动始于英国的"工艺美术运动"（arts and crafts movement），之后在德国和奥地利等地也出现了"分离派"。

由克里姆特所率领的"维也纳分离派"，汲取了"表现主义"的精华，在使用曲线、平面的装饰风格这一点上，与慕尼黑分离派和柏林分离派是相同的。

在进入20世纪后的德国，基希纳、诺尔德等人创立了"桥社"和"新分离派"。新分离派是"柏林分离派"脱离出来的一个派别，并且和桥社的成员也有重合。

在这样的趋势下，人们将日本格调等异国情趣和现代主义相互结合，形成了新艺术派。

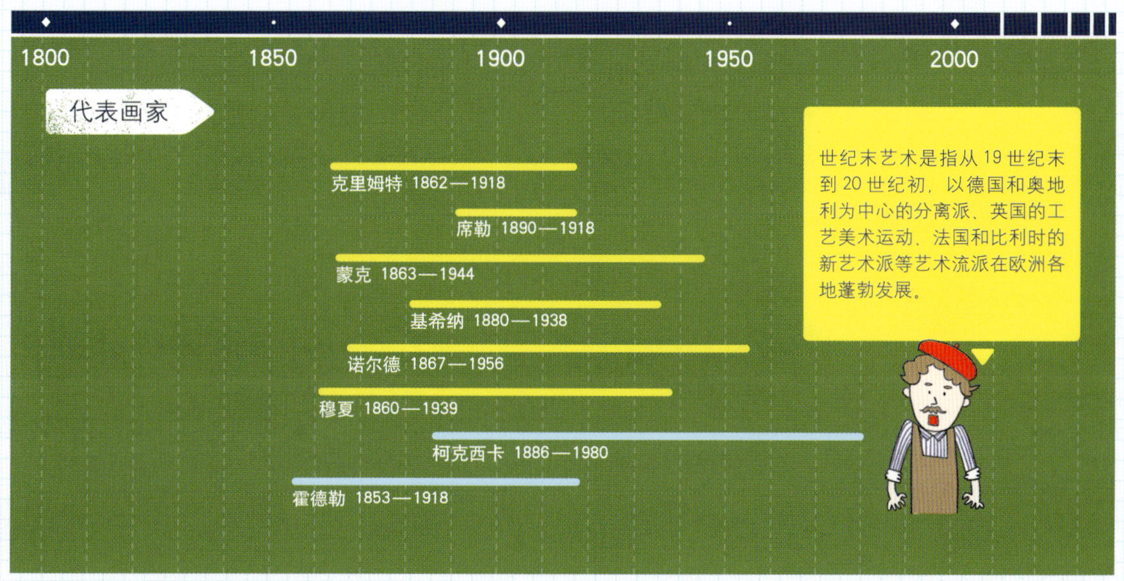

074

描绘豪华绚烂的装饰世界的黄金画家

古斯塔夫·克里姆特

Gustav Klimt

1862—1918年

我从没画过自画像。比起画自己，我对画其他人更有兴趣，尤其是女性。
——古斯塔夫·克里姆特

作为装饰画家的荣誉和挫折

出生于黄金雕塑匠家庭的克里姆特，自幼就被人称赞有绘画的天分。他 14 岁进入维也纳艺术工商学校学习。毕业后他和弟弟恩特斯还有朋友法兰兹·玛兹曲共同创办了建筑装饰承包公司。他们为剧场和美术馆所作的装饰获得了很高的评价。但是，由于弟弟恩斯特突然因病离世，公司被迫解散。

在那之后，克里姆特迎来了一个很大的转折。他和玛兹曲一起承接的维也纳大学讲堂的顶棚装饰画创作掀起了很大的争论。克里姆特所创作的壁画对于委托他们创作的保守派来说太过于前卫，让人完全无法理解。在接触了莫罗（详见第 101 页）、阿诺德·勃克林等神秘主义、象征主义的画作之后，他便不能满足于之前简单的表现方式了。在这期间，克里姆特从维也纳美术家协会退会，尔后与朋友创办了维也纳分离派，并担任了该派第一任会长。

说到克里姆特的画，很多人会想到他使用金箔所创作的华丽作品。正如文字所说的，那是克里姆特的“黄金时期”。其作品的人物经常浮现恍惚的表情，有些则是妖艳的裸体妇人。另外，他用几何学图案描绘的衣裙和背景都会给欣赏者留下深刻的印象。画中的女性虽说是写实，但又与写实不同，具有装饰感。从这里可以看出克里姆特对于女性的独特描绘。

为纪念克里姆特诞辰 150 周年，2012 年人们再现了他当年的画室，而这个画室也成了维也纳的观光景点。

画家简介

生平

1862 年	7 月 14 日出生于奥地利维也纳近郊的鲍姆加登一个黄金雕塑匠家庭。
1876 年	就读于维也纳艺术工商学校。
1883 年	与其弟恩斯特和艺术工商学校的朋友法兰兹·玛兹曲共同创办了建筑装饰承包公司。
1892 年	6 月父亲去世，9 月弟弟恩斯特去世。
1900 年	掀起围绕维也纳大学壁画的争论。
1910 年	其作品在维也纳双年展上获得了好评。
1918 年	2 月 6 日在维也纳的家中去世。

代表作

《帕拉斯·雅典娜》1898 年
《吻》1907—1908 年
《达娜厄》1907—1908 年

兼具肖像画现实主义与装饰感的作品

画中，衣着色彩鲜艳的女子出现在花田般梦幻的背景里，与画面中闪闪发光的黄色背景融为一体。这幅画的模特是支持克里姆特开办画室的奥托·普里玛系的妻子，也就是女演员欧戈娜。1912 年奥托委托克里姆特为自己的妻子和女儿画像。这幅画的特色在于大量使用几何图案对画进行装饰性描绘，同时又对欧戈娜的头部和手部进行了写实的描绘。这幅作品在大胆表现装饰感的同时，也在追求肖像画的现实主义，并将两者完美地融合在一起。这幅作品是克里姆特后期作品中的代表作。

《尤吉尼亚·普里玛希的画像》
（1913—1914 年，油彩·蛋彩·金箔·油画布，140cm × 85cm）收藏于丰田市美术馆

赏析要点

肌肉健硕的克里姆特笔下所描绘的女性相当细腻，而我们根本想象不出他可以描绘出如此细腻的女性形象。他的画风与新艺术运动风格有着共同点，即装饰性的构图。另外在他的作品中还出现了性爱主题，画风十分唯美，因此获得了很高的评价。特别是在写实的人物肖像画中加入金箔和几何学图案的特征，这些都体现在这幅名作中。

小知识

装饰画的背景

克里姆特的画作以多用金箔、华丽的装饰而被大众所知。这是来源于他对拜占庭的镶嵌工艺和中世纪的金地背景所使用的绘画方法的深入研究，以及他对于埃及壁画和希腊陶器的兴趣。

075

运用线条描绘人类的本性

埃贡·席勒

Egon Schiele

1890—1918年

我们都是时代的孩子。
——埃贡·席勒

用独特的线条描绘出赤裸裸的情欲

席勒是19世纪末维也纳分离派的代表画家。虽然席勒自幼喜爱绘画，但是他父亲去世后，14岁的席勒被务实派的叔叔强烈劝说去科技学校学习技术。之后在母亲的支持下，他来到维也纳艺术工商学校学习绘画。只是由于他排斥那里保守的教育方针，最终选择了退学。但是，他在这所学校里结识了克里姆特（详见第110页），在他之后的一生中都与其保持着联系。与席勒父亲的年纪相差无几的克里姆特非常认可席勒的才能，并且为这位年轻画家的发展提供了各种形式的帮助。他俩早已超越了师徒关系，可以说更像是朋友，也可以称为相互尊敬的同行。

与克里姆特的装饰画风相比而言，席勒的画更偏向于表现主义，更具有强烈的个性。在他的画中也能看到具有暴力倾向的带有棱角的线条及强烈的色彩，另外还会出现轰动社会的描绘对象。席勒所表现的人类赤裸的姿态与前人所描绘的爱神像，两者可谓风格迥异。从他的作品中感受到的不是传统的形体美，而是忧郁及欲望等人类的本性与冲动。另外，虽然席勒很多的肖像画都是以素描作品为主，但在纯绘画作品方面，他更喜欢静谧的风景画。

1918年，在知己克里姆特因脑死亡逝世之时，席勒将他那时的容颜素描成画。同年，年仅28岁的席勒追随克里姆特逝去，结束了仅有十年的画家生涯。

近些年来，日本人对席勒的评价也很高，从1979年的回顾展时席勒开始受到日本人的关注，在之后日本的展览及出版物中也时有对他的介绍。

画家简介

生平

1890年　6月12日出生于奥地利维也纳近郊。
1906年　就读于维也纳艺术工商学校。
1907年　结识克里姆特。
1909年　从维也纳艺术工商学校退学，创办“新艺术组织”并举办展览。
1912年　因涉嫌勾引少女被逮捕，被收押三周。
1918年　10月13日病逝。

代表作

《爱迪斯·希勒的肖像》1915年前后
《死神和少女》1915年
《家庭》1918年

将年轻女子的身体描绘得充满肉感

这幅作品中描绘的丰满且流畅的大腿线条与平面的充满装饰感的衣服形成鲜明的对比。我们可以看出通过对衣服的描绘，更加衬托了女子腿部的性感。仔细观察此作品，我们可以注意到衣服褶皱的样子极其不自然，估计这幅画是画家横向画出之后翻转 90° 再署名的。但实际上我们将作品逆时针旋转 90° 观赏的话，整幅画会产生翻天覆地的变化。画中这位女性躺在床上，膝盖弯曲，两脚分开。像这样与原本绘画方向不同的构图，我们在席勒的其他作品中也经常见到。

《黄衣女子》（1914 年，蛋彩 · 铅笔，48.1cm × 31.3cm）收藏于宫城县美术馆

赏析要点

席勒作品的特征在于对人类敏锐的观察，以及用墨水及蜡笔勾勒出深刻的轮廓。但这样强烈的图案在当时是很难被接受的。在这幅画里也可以感受到他赤裸裸地描绘出的人的生命力及呼之欲出的内心表现。这是一幅可以从画中感受到强烈生命力的名画。

小 知 识

让席勒人气高涨的电影和音乐

受女演员简 · 柏金主演的电影《埃贡 · 席勒：过度》（1981 年）的影响，席勒给人留下了“早逝的天才画家”的印象，这令他人气高涨。另外，1996 年肯塔基出身的乐队 “Rachel′s” 所发售的专辑《Music For Egon Schiele》让席勒在忠实的粉丝中也成为热议的话题。即便是现在，席勒的人气也在不断地上涨。

076

用“死”来表现“生”的画家

爱德华·蒙克

Edvard Munch

1863—1944年

疾病、疯狂和死亡，是守护我摇篮的黑色天使。
——爱德华·蒙克

在死亡阴影下度过阴暗的童年时代

因创作了《呐喊（尖叫）》而闻名世界的蒙克，其头像被印在了挪威的钱币上。蒙克出身于书香门第，他的先祖中有神职人员、军官和历史学家，而蒙克的父亲曾是一名军医。

1868 年，蒙克 6 岁的时候母亲死于肺结核。这种不幸让蒙克产生了心理阴影，而在他 14 岁的时候，他的姐姐也因肺结核去世。

身为医生却对家人的病无能为力，这在很大程度上影响了父亲对孩子的教育，无形之中对孩子们信仰的形成也产生了深远的影响。13 岁的时候，生病的蒙克向神明祈祷："只要能治好我的病，就算曾经的快乐日子随风消散也无所谓。"这个与神的约定，蒙克背负了一生，也成为他艺术表现的支柱。

对于从不模仿自然的蒙克来说，最关心的事情莫过于人类内心深处潜藏的恐惧和不安了吧。在他的艺术作品中必不可少的就是绘画时内心所掺杂的恐惧和不安之感。这点蒙克很清楚，他一边挣扎，一边直面自己的内心。蒙克的画中混杂着沉重的空气，会令欣赏的人产生不安。而这正代表着他创作时内心的状态。据说蒙克是不愿把自己满意的作品卖给别人的。对于一生没有结婚的蒙克来说，辛苦创作出的画就如同自己的骨肉。

现在世人对蒙克作品的评价非常高。2012 年，4 幅《呐喊（尖叫）》中其中一幅被个人收藏的画作在拍卖会上以约 7.8 亿元人民币拍卖成功，创造了画作拍卖价格的最高纪录，并成为人们热议的话题。

画家简介

生平

1863 年　12 月 12 日出生于挪威海德马克郡的雷登。
1881 年　进入奥斯陆皇家艺术和设计学院学习。
1892 年　在柏林举办个展，但被协会要求中止。
1902 年　和朵拉·拉珊决裂，左手中枪伤。
1944 年　在挪威逝世，将自己留下的作品赠予奥斯陆市。

代表作

《呐喊（尖叫）》1892 年
《麦当娜》1894—1895 年
《生命之舞》1900 年

《栈桥上的少女》(1918—1920 年，色彩木版、石版画，49.8cm × 42.7cm) 收藏于群马县立近代美术馆

木版和石版组合所酝酿出的独特的韵味

这幅画作描绘的是栈桥上注视着水中菩提树倒影的少女们。画中这种构图与《呐喊（尖叫）》有着诸多的共同之处。蒙克常会选择同一主题创作多幅画作，而这幅《栈桥上的少女》共有 12 个版本。他的这幅作品是将原作的油画在 17 年后制作成版画。先用蓝色版制成木版，再以石版画的绘制方法用绿、红、黄色勾勒线条。蒙克一边尝试各种技巧，一边摸索表现的方法。

赏析要点

蒙克的许多名画都能反映出他的精神世界。他用鲜明、强烈的色彩和飘忽不定的形状来表现内心所压抑着的不安和痛苦。用颜色来表现感情的这一方法是蒙克作品的特征。他独特的世界观也可以从本作品的色调和构图中窥知一二。

小知识

蒙克事件（柏林丑闻）

1892 年，蒙克应柏林艺术家协会的邀请举办个人画展，但个展开办不久就被协会里的保守派要求终止。然而，正是这件事情让蒙克成为国际上前卫艺术的先锋人物之一。也正是在这一年，蒙克完成了他的代表作《呐喊（尖叫）》。

077

创立德国首个前卫艺术社团

恩斯特·路德维希·基希纳

Ernst Ludwig Kirchner

1880—1938年

创立一个不拘泥于陈旧观念的艺术社团。
——恩斯特·路德维希·基希纳

反对学院派，寻求自由的表现

自幼喜欢绘画的基希纳在身为工程师的父亲的劝说下，进入德累斯顿理工学院学习建筑，但他依旧决定不放弃美术。在慕尼黑学习美术的时候，他参观后印象派的展览后深受感动，决定要创立自己的艺术社团。

1905年，他与在建筑学院结识的四位好友共同创立了“桥社”艺术社团。这是德国首个前卫绘画社团，社团里面的成员都没有接受过学院式的教育。之后诺尔德（详见第118页）、凯斯·凡·东根等也相继加入，这个社团成为德国表现主义运动的核心之一。

桥社受原始美术和中世纪德国木版画的影响，反对传统价值观下的艺术，而基希纳则主张自我艺术的独立性。

他的画作和马蒂斯（详见第122页）的作品曾多次被比较，据说他为了证明自己比马蒂斯更早开始创作，甚至篡改了作品的创作年份。桥社并没有存在很久，在1913年就解散了。其原因是基希纳在其所著书籍《桥社年代记》中过分强调了自己的领导者地位。

桥社解散后，基希纳在第一次世界大战时参军，后来他由于精神濒临崩溃而退伍。之后，他将曾一度停止的创作活动再次慢慢开展。40岁后他在德国各地举办回顾展，并获得了很高的评价。

画家简介

生平

1880年	5月6日出生于德国西部。
1901—1905年	于德累斯顿理工学院学习建筑。
1903年	在慕尼黑学习绘画。
1905年	和大学的四位朋友共同创办“桥社”，之后在德国各地多次举办展览。
1912年	参加康定斯基等人创办的“蓝骑士”展览。
1913年	因《桥社年代记》，桥社解散。
1938年	6月15日自杀。

代表作

《戴帽子的女人》1911年
《柏林街景》1913年前后
《冬日的森林》20世纪30年代

病危痊愈后成为德国表现派的巨匠

第一次世界大战开始后不久，基希纳因精神和身体受到双重伤害，于1917年去瑞士达沃斯开始疗养。之后基希纳画了许多描绘阿尔卑斯风景和人物的作品，本幅作品的主人公是基希纳在瑞士的知己大卫·穆勒。以基希纳为首的德国表现派画家们，创作了许多版画，其中以单色的木版画居多。这幅作品就是在很大的褐色画面上，用锋利的锯齿状和旋涡状的线条描绘出的男性肖像画。

《大卫·穆勒的肖像》(1919年，木板，34cm×29.4cm) 收藏于宫城县美术馆

赏析要点

德国表现派的代表画家基希纳制作了许多木版画和木制雕像，在其作品中我们可以看到古代的德国木版画和原始的非洲雕塑对其风格的影响。此作品中单纯的形态和颜色、棱角分明的线条都是它的特征。

小知识

画家的不幸晚年

晚年的基希纳在战争中精神崩溃，并身患肺结核。他的作品甚至一度被认为是"颓废艺术"，他的32幅作品都在"颓废艺术展"中被展出。无论精神还是身体都达到极限的基希纳，于1938年6月15日在达沃斯的家中饮弹自尽。

画家简介

生平

1867 年　8 月 7 日出生于丹麦石勒苏益格地区。
1899 年　进入巴黎朱利安美术学院学习。
1904 年　开始使用和家乡地名相同的"诺尔德"一名。
1906 年　短暂地参加了桥社。
1956 年　4 月 13 日在德国逝世。

代表作

《最后的晚餐》1909 年
《基督的一生》1911—1912 年
《狂热舞蹈的孩子们》1920 年

078

从始至终坚持自己独特表现主义的清高艺术家

埃米尔・诺尔德

Emil Nolde

1867—1956 年

总之我是因为忍耐不了什么都不做，就一直画画，就算受不了也仍然继续坚持。我的画作们，我只把自己的苦恼、痛苦和轻蔑讲给你们听。——埃米尔・诺尔德

用强有力的线条和颜色表现激烈的情绪

诺尔德先在卡尔斯鲁厄工艺美术学院学习应用艺术，后在巴黎朱利安美术学院学习素描。他曾受施米特・罗特卢夫的邀请加入过桥社，但很快就退出了。那之后他就再没有参加过特定的艺术社团，但他仍继续坚持走自己的艺术道路。他擅长在作品中将激烈的笔锋与直接的造型相结合，将有紧张感的色块和色点放在不同的位置，让画面具有强烈的表现力。他也用高超的水彩技法创作了许多的花卉和风景作品。

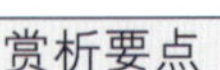

出现在诺尔德作品中的舞台

这幅作品是1910 年前后诺尔德加入分离派时期的作品。画的是两位女性在面对面聊天的情景。作品中让人印象深刻的色彩和单纯的主题都极具诺尔德特色。

赏析要点

诺尔德的画经常使用两三个人在一起聊天的构图。犹如洇出来一般的彩色，让简单的轮廓描绘出的人物形态更加生动。画中红色和蓝色的对比，描绘了两人聊天的场面。

《剧场（聊天）》（1910—1911 年，水彩，29.8cm × 22.3cm）收藏于池田 20 世纪美术馆

我的天职不是海报作家，我是为了斯拉夫民族的艺术。
——阿尔丰斯·穆夏

079

新艺术主义的代表艺术家

阿尔丰斯·穆夏

Alphonse Mucha

1860—1939年

《吉斯蒙达》(Gismonda)（1895年，石版印刷，2177cm×749cm）
收藏于堺市立文化馆阿尔丰斯·穆夏馆

因美丽的商业海报而名噪一时

穆夏是出生于捷克的新艺术风格（意为“新的艺术”的美术形式）的代表画家，因创作美丽的商业海报而闻名。穆夏自幼喜爱画画，虽立志做一名画家，但他因环境问题无法专心绘画。让穆夏声名远扬的是他给女演员莎拉·伯恩哈特画的海报。这幅海报中所描绘的美丽的装饰及温文尔雅的人物很快得到业内人士很高的评价，穆夏也因此接到了很多工作。之后他回到捷克，并完成了描写故乡传说的《斯拉夫史诗》。

让穆夏一夜成名的作品

女演员莎拉·伯恩哈特出演的舞台剧《吉斯蒙达》的宣传海报是高达两米以上的大型作品。画中女性手持寓意生命永恒的棕榈叶的高贵身姿，令主演莎拉·伯恩哈特也赞不绝口。

赏析要点

这幅画作没有使用很鲜艳、亮丽的色彩，但装饰性极强的竖向构图及受浮世绘影响的平面表现和几何图案等都能展现出明显的穆夏特征。

画家简介

生平

1860年　7月24日出生于捷克。
1883年　被库恩·贝拉西伯爵雇佣，后来伯爵的弟弟埃贡伯爵成为他的首位资助者。
1889年　转到克拉罗西学院学习，埃贡伯爵停止资助。
1894年　为女演员莎拉·伯恩哈特创作了海报，引起了轰动。
1910年　创作《斯拉夫史诗》。
1939年　7月14日在布拉格逝世。

代表作

《吉斯蒙达》1894年
《JOB，烟用卷纸》1896年
《花》1900年

“洗衣船”和“蜂巢”

19 世纪末到第一次世界大战期间是被称为“美好时期”的黄金时代，当时的巴黎作为艺术之都受到了全世界的关注。

因此为了能受到关注，许多有才能的年轻艺术家都会以巴黎为立足目标。

不仅仅是“巴黎画派”的艺术形式，野兽派、立体主义等各式各样的新艺术形式也都在巴黎开始兴起。

那些有才但贫穷的年轻艺术家们聚集的地方是塞纳河右岸的蒙马特尔地区。

从 1904 年到 1909 年，毕加索与恋人费尔南德·奥利维叶一起生活在蒙马特尔地区拉维尼昂路 13 号，一个被称为“洗衣船”的廉价公寓中。

不久后莫蒂里安尼等人也在此开办画室，诗人阿波利内尔和科克托、画家马蒂斯也相继加入，这里成为充满生气的创作活动的场所。

“洗衣船”是由诗人马克斯·雅各布命名。细长的联排房屋建筑年代久远，走上去会有吱吱呀呀的声音，因犹如漂浮在塞纳河畔的洗衣船而得名。

1910 年之后，艺术家们为了更加廉价的租金，搬到塞纳河左岸的蒙帕纳斯地区。他们居住在“蜂巢”（拉罗施）一样的廉价住宅区，并成立了社团。

到蒙帕纳斯的有莫蒂里安尼、毕加索、苏丁、科克托等人，还有夏加尔、基斯林、莱热、杜尚、布朗库西、贾科梅蒂、达利、米罗、帕斯金，以及亨利·米勒、萨特、贝克特、阿波利内尔、布雷东等文学家。晚年的德加，甚至连流亡的政治家列宁和托洛茨基也曾在蒙帕纳斯隐居。

他们经常聚集的咖啡厅和酒吧，不仅是贫困的艺术家们忍耐寒冷的地方，也是他们互相交流、获取创作灵感的非常重要的社交场所。

蒙帕纳斯地区的繁荣因 1929 年的世界经济危机而宣告终结。

宣告解放丰富的色彩，拉开新世纪的序幕

野兽派

20 世纪初期

发展两年后就消亡的色彩庆典

评论家路易·渥塞勒在欣赏了 1905 年在巴黎举办的“法国秋季艺术沙龙展”第七号展厅中展出的作品后，评论道“宛如身处野兽笼中一般”。

马蒂斯、德朗、弗拉曼克等人，如野兽一般，擅用原色来表现鲜明色彩，用粗放笔法来进行创作。因为路易·渥塞勒的这句话，他们被称为“野兽派”。

野兽派作品的特征是鲜艳、浓重的色彩和大胆奔放的笔法及单纯的形态。

虽然那些个性强烈的作品的确让人耳目一新，但由于主张简单的形态及限定单纯色彩的表现，画家们更想追求各自不同的表现形式。尽管野兽派仅存在两年后便消亡了，但它仍在新世纪的开篇中担任了重要角色。

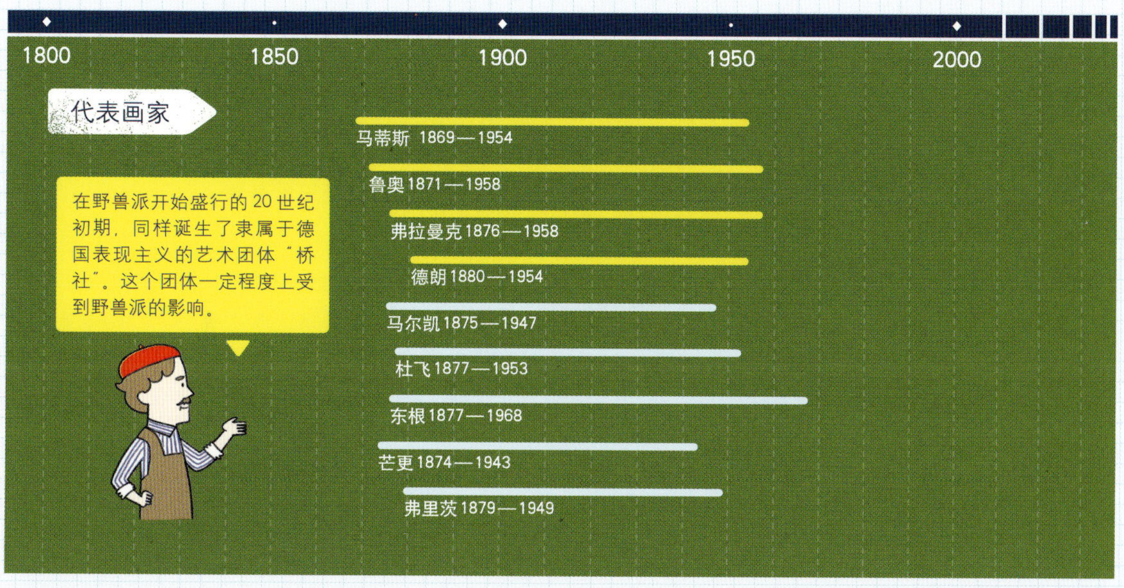

080

被称为“色彩魔术师”的野兽派之王

亨利·马蒂斯

Henri Matisse

1869—1954年

我期望的是一种平衡、纯粹与宁静的艺术。
——亨利·马蒂斯

因疗养打发时间而成为画家

原本立志成为法律专家的马蒂斯曾在圣康坦市的律师事务所工作，但他因阑尾炎恶化不得不休养了一年多的时间。当时，为了打发时间，他用母亲送的颜料画油画，从而走上了画家之路。之后他到巴黎正式学习绘画，在莫罗的画室接受指导。

1896年首次入选沙龙（官展），作为学院派的新锐画家而备受期望的马蒂斯，因接触到印象派的作品后逐渐脱离学院派。之后，他又受到西涅克（详见第087页）、梵高（详见第093页）等新印象派和后印象派的影响，由之前写实的画风转向有着自由色彩的表现方式。

1905年，在巴黎举办的“法国秋季艺术沙龙展”中，马蒂斯的作品与德朗（详见第127页）和弗拉曼克（详见126页）等人的作品在同一展厅展出，而这个展厅被形容成“宛如野兽笼一般”，因而他们的美术运动被称为“野兽派”。

虽说马蒂斯被认为是野兽派的领军人物，但他追求野兽派画法的时间很短。据说他本人也并不希望自己被认为从属于野兽派。

马蒂斯尝试了各种各样的空间表现形式，并吸收绘画中装饰性的元素。后来他通过对作品平面化和单纯化的尝试，终于在1940年制作了“大室内”系列作品。他在晚年时不仅对剪贴画产生了兴趣，而且开始设计教堂。

画家简介

生平

1869年　出生于法国的勒卡托。
1881年　开始在朱利安美术学院学习绘画。之后，在法国巴黎国立高等美术学院的古斯塔夫·莫罗门下学习。
1905年　在巴黎的“法国秋季艺术沙龙展”中展出作品，被称作“野兽派”。
1947年　开始着手教堂的设计和装饰。
1954年　11月3日在法国南部尼斯郊外的西米耶逝世。

代表作

《绿色条纹的马蒂斯夫人》1905年
《红色房间》1908年
《舞（第2号）》1909—1910年

将照片活用于绘画中的马蒂斯

马蒂斯的画作中有好几位女性模特。这幅作品的模特是莉迪亚·德莱克托斯卡娅，莉迪亚·德莱克托斯卡娅从1934年开始成为马蒂斯创作助手，同时也担任他的模特和秘书，直至马蒂斯去世。马蒂斯在每个创作阶段都会将作品拍成照片，并将此作为再次考量创作进展和提高完成度的方法。莉迪亚负责的工作是将这些照片贴在相册中，并记录日期。本作品共留下三张创作过程中的照片，由此可以看出马蒂斯最初用写实的手法所描绘的女性形象逐渐被简化的过程。

《蓝衣女子》（1935 年，布面油彩，46cm × 33cm）收藏于石桥财团普利司通美术馆

赏析要点

这幅作品大胆地使用清晰的线条和明亮的颜色。在女性圆润的肩部和座椅扶手处等部分的处理上保持了很平滑的过渡。虽然乍一看给人以简单的印象，但其实这是在绘画过程经过多次修改才完成的。

小 知 识

马蒂斯亲手完成的现代宗教空间

马蒂斯在晚年时，亲自在法国尼斯地区旺斯的罗扎里奥礼拜堂内进行室内装修，装饰了以剪贴画为构想的彩色玻璃及白描的圣母子像。这是简练且具有装饰性的现代宗教空间。对于这个1951 年完成的礼拜堂，马蒂斯表示："虽有很多不足，但我觉得这是我的杰作……是我把一生都奉献给探索真相的收获。"

081

追求独创性的 20 世纪最杰出的宗教画家

乔治·鲁奥

Georges Rouault

1871—1958 年

一看到成功的人，我就会担心。
——乔治·鲁奥

彩色玻璃影响下的独特画风

鲁奥曾在彩色玻璃设计行当学徒，用粗大的黑线勾勒出强有力的线条是他独特的画风。此画风正是受当时彩色玻璃的影响而产生的。后来他开始正式学习绘画，19 岁时进入法国巴黎国立高等美术学院学习。在那里，他受到莫罗（详见第 101 页）的指导，并结识了马蒂斯（详见第 122 页）等画家。

鲁奥最初的画多以富人、穷人、法官、风景等为题材，用粗犷的笔锋表达绝望和怒气。可不久后，他就转向以基督为主题的宗教作品。他的画风特征也由初期多用压抑的颜色逐渐转变成使用鲜艳的色彩。

他笔锋粗犷，又和野兽派的代表作家马蒂斯是同一时期，因此鲁奥也曾被认为是野兽派的画家。但鲁奥本人并不拘泥于某一流派，只一心追求自己喜欢的艺术。

他的创作独具一格，最大的特征就是采用厚涂手法，将颜料用调色刀削薄之后，在上面再重复上色。如此这般，能看到下面的颜色透出来的效果。另外，因经常画基督面部特写，或用版画表现耶稣受难的场面等，鲁奥又被称为“20 世纪最杰出的宗教画家”。

鲁奥的作品具有表现主义特性，他希望用色彩展现作品价值，并通过强烈的对比来表现，这是他与其他野兽派画家的不同之处。他的作品的特征与其说是绘画美学的独特，不如说是“魂”的独特。

画家简介

生平

1871 年　5 月 27 日出生于法国巴黎。
1890 年　进入巴黎国立高等美术学院学习，第二年师从居斯塔夫·莫罗。
1903 年　莫罗家成为美术馆，鲁奥就任首任馆长。
1917 年　与画商沃拉尔达缔结专属合约，之后对其提起诉讼。
1958 年　2 月 13 日逝世于巴黎。

代表作

《镜前裸妇》1905 年
《郊外的耶稣》1920 年
《皮耶罗》1925 年

幽默的表情反映出晚年的心境

这幅作品是鲁奥用浓重的粗线勾勒出强有力轮廓，并使用厚涂颜料这种独特表现方法的典型作品。与基督和裸妇等题材一样，小丑也是鲁奥所喜爱的主题。但这幅作品并没有他年轻时期的小丑作品中表现出的压抑和对社会的讽刺，而是反映了作者晚年的心境，给人以安稳的印象。此外，鲁奥也经常像这幅作品这样自己给画框上色。而且只有头部的正面画像在他晚年的作品中时常出现。

《小丑（受惊吓的男人）》（1948—1952 年，油彩、基底材料不明，39.7cm×25.6cm（仅画面大小），60.8cm×46.8cm（画框大小））收藏于日本东京国立西洋美术馆

赏析要点

这幅作品从远处看能感到小丑的脸甚至是透亮的，但近看就会惊讶于画布因多层颜色的叠加而显得粗糙。小丑在 20 世纪 10 年代初期鲁奥描绘马戏团的系列作品中也出现过，是其很擅长的题材。他的早期作品中具有暗讽社会阴暗的含义，而晚年时期的作品则能看出他平和的心境。

小 知 识

始终坚持艺术家的良心

鲁奥虽曾与画商沃拉尔达签订过合约，但在沃拉尔达死后他提起诉讼，从沃拉尔达的遗产中取回了自己未完成的作品。他烧毁了其中315 幅作品，并将剩余的大部分作品赠予巴黎国立近代美术馆。鲁奥曾表示“不会让没完成的，估计在自己有生之年也完成不了的作品面世，因此将其烧毁”，这正表现出他作为艺术家的态度。

画家简介

生平

1876 年　出生于法国一个小提琴教师的家庭。
1893 年　开始进行绘画创作。
1900 年　与德朗意气相投，共同创办画室。
1901 年　参观梵高的回顾展备受感动，参加野兽派运动。
1958 年　10 月 11 日逝世。

代表作

《沙东的房屋》1905—1906 年
《红树》1906 年
《莱桑德利》1910—1911 年
《雪村》1926 年

082

受塞尚的影响，开拓自己独特的道路

莫里斯·德·弗拉曼克

Maurice de Vlaminck

1876—1958 年

绘画创作与恋爱一样，肯定会有人想向别人请教应该用什么方法及和什么样的对象恋爱。——莫里斯·德·弗拉曼克

自学成为画家的原自行车运动员

弗拉曼克曾参加过自行车比赛和划艇比赛，并依靠小提琴演奏维持生计，后来因结识了与同是野兽派代表画家的德朗（详见第 127 页）之后，他于 1900 年前后正式作为画家开展活动。他还通过德朗认识了马蒂斯（详见第 122 页），又受到梵高（详见第 93 页）很大的影响后，加入了野兽派。1908 年开始在受到塞尚（详见第 090 页）的影响之后，他转向了立体主义的画风。可以说弗拉曼克作品的特征是利落的笔锋和充满强大生命力的表现。

关注弗拉曼克画风的转变

这幅作品创作于 1925 年，这一时期正是弗拉曼克绘画事业的鼎盛时期。相比于巴黎的都市景色，当时住在奥维尔的弗拉曼克更喜欢朴素的田园风光，并创作了许多风景画。

赏析要点

弗拉曼克用利落、流畅的笔锋描绘了教堂和开着白花的树木。画作的基调由黑、灰、墨绿色等压抑的颜色构成，可以看出这幅作品与他在野兽派时期充满激情色彩的画作完全不同。

《教堂和开花的树木》（1925 年，布面油彩，92cm × 73cm）收藏于池田 20 世纪美术馆

083

一种艺术，就是一个宿命。
——安德烈·德朗

与马蒂斯同为野兽派核心人物
安德烈·德朗
André Derain

1880—1954年

画家简介

生平

1880 年　出生于法国沙东。
1898 年　进入尤金·加瑞耶画室学习。
1900 年　结识弗拉曼克。
1908 年　旅居法国南部科利乌尔镇，与毕加索、布拉克等人交流。
1954 年　9 月 8 日因车祸逝世。

代表作

《科利乌尔的山》1905 年
《最后的晚餐》1911 年
《小丑和皮埃罗》1926 年

与弗拉曼克在火车上意气相投

德朗出生于巴黎郊外的沙东。他在前往巴黎的火车上偶遇了弗拉曼克（详见第 126 页），因与其意气相投，两人便在沙东共同创办了绘画工作室。他介绍了马蒂斯（详见第 122 页）与弗拉曼克相识，他们共同为野兽派的诞生作出了很大贡献。在那之后，德朗倾心于塞尚（详见第 090 页）的构图方式，并逐渐向毕加索（详见第 130 页）的风格靠近。在经过了非洲原始雕塑和受到法国美术影响的哥特时代之后，他的画风逐渐回归于传统。他也会亲自设计芭蕾或歌剧的舞台装饰等。总之，他当时的活动领域非常广。

《科利乌尔港的小船》（1905 年，布面油彩，54cm × 65cm）收藏于大阪新美术馆建设准备室

使用强烈色彩的代表

这幅作品是德朗和马蒂斯逗留在法国南部科利乌尔镇时创作的野兽派时期的代表作。他和弗拉曼克在参观了梵高的回顾展后深受启发，创造出了强调色彩的绘画手法。

赏析要点

仅用三原色和绿色，就让画作传达出强有力的生命感，这是笔法和主旨相融合而产生的。冷色调和暖色调的相互组合，让人注目于画面生出的一种秩序感。

题材吸引人的遗迹和废墟

立体主义的根本，是以绘画为中心的艺术运动。这其中唯一被认为例外的，是在捷克布拉格遗留至今的立体主义的建筑群。

1911 年布拉格的年轻艺术家们结成了“造型艺术家组合”，在当时他们以年轻建筑家的身份开展活动。其中有约瑟夫·霍霍尔、约瑟夫·戈恰尔、帕维尔·亚纳克。

其中亚纳克发表了在现今被称为“立体主义建筑宣言”的，名为《多边形和棱锥体》的论文，这篇论文确立了建筑方面的立体主义理论。

另外，这些艺术家们也经常以因建筑物或遗迹而产生细微差别或氛围的风景作为主题而进行创作。

比如，法国的风景画作家克洛德·洛兰，在创作阿卡迪亚风的田园风景时画了古代的建筑物和遗迹，这样理想的风景画越过了阿尔卑斯山。他之后的透纳等人，也在很大程度上影响了英国的风景画画家们。

18 世纪法国新古典主义风景画画家代表休伯特·罗伯特（又被称为“废墟的罗伯特”），曾担任卢浮宫美术馆馆长一职，他也喜欢画庭院和建筑，但他的风景画风格依然还是偏向 17 世纪最初的理想主义风景画。

另外，随着 18 世纪庞贝考古等古代遗迹挖掘活动的展开，遗迹也因此令人们更加关注。

意大利的版画画家，同时也是建筑师、考古学家的乔凡尼·巴蒂斯塔·皮拉内西因为对这些古代遗迹很感兴趣，而为后世留下了以罗马飞鱼等为题材的庞大的蚀刻铜版画。

像他们这样对古典文化充满兴趣的画家之中，还有一位应该被铭记，他就是知名的德国浪漫主义代表画家卡斯帕尔·大卫·弗里德里希。他的作品所描绘的，并非是古罗马遗迹，而是如同《橡树林中的修道院》中那样在严峻的自然环境中成为废墟的哥特式教堂建筑。

使弗里德里希对古代意大利的遗迹充满兴趣的，应该是具有北方特征的哥特时代的教堂建筑。

艺术历史：
立体主义

将主旨分解再重构

立体主义

20 世纪前半期

抛弃传统的透视法及形态上的解体

“立体主义”是以 1907 年秋天毕加索所创作的《亚威农少女》为起点的。

毕加索的朋友布拉克看到此作品后受到了冲击，他发现这部作品原来是借鉴了塞尚的作品。之后布拉克便继续深入研究，用同样的绘画手法在埃斯塔克创作了《埃斯塔克的房子》(1908 年)。看了此作品的评论家路易·渥塞勒评价说“布拉克把一切物体都用立方体还原了”，后人把共同追求这种表现手法的毕加索和布拉克称呼为立体主义画家。

立体主义最大的特征就是抛弃了自文艺复兴以来的透视法及形态上的解体，将主旨单纯地抽象化后再重构。

如果说野兽派是色彩的革命的话，那么立体主义可以说是形态的革命。

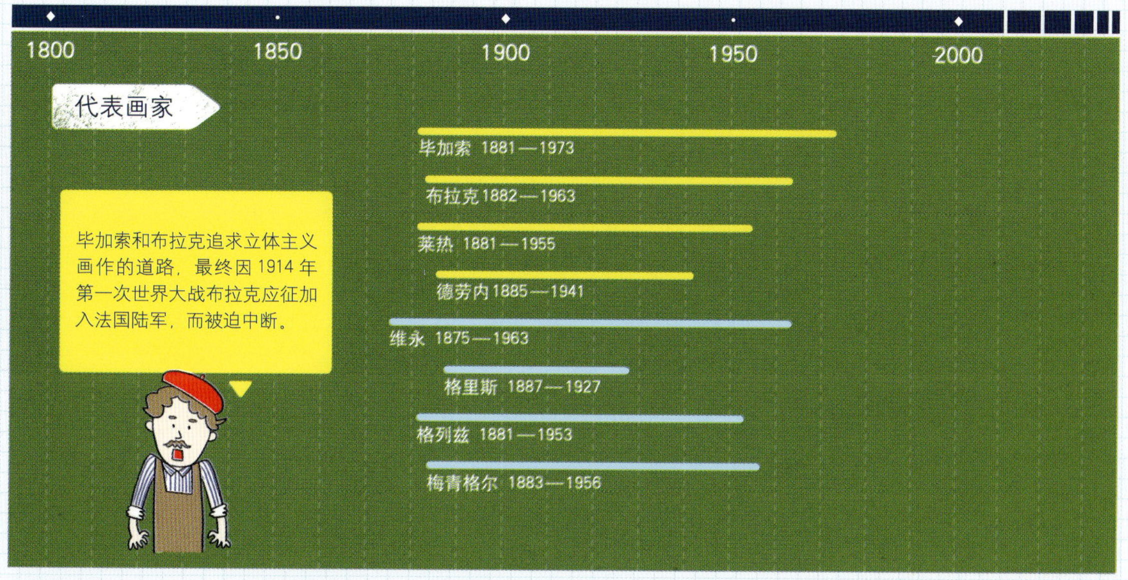

084

至今依旧名声显赫的
20 世纪最著名的艺术家

巴勃罗·毕加索

Pablo Picasso

1881—1973年

我花了一辈子学习怎样像孩子一样画画。
——巴勃罗·毕加索

成为立体主义起点的《亚威农少女》

20 世纪前期，视觉艺术的开展可以说主要是由毕加索推动的。刚来巴黎的毕加索对再现的表现风格非常感兴趣，从而迎来了他以蓝色为基调的“蓝色时期”与淡雅柔和的“玫瑰时期”。不久后，他因受非洲原始雕塑的影响，抛弃了传统的透视法，从而创造了将物体分解成小断面再重构的方法。《亚威农少女》就是使用这种方法创作的，它的出现标志着立体主义的诞生，是 20 世纪重要的美术作品之一。

“立体主义时代”在经过“分析”与“综合”的阶段后结束。1917—1924 年间，毕加索参加了让·谷克多的芭蕾剧《Parade》和谢尔盖·狄亚基列夫等人的舞台服装设计。在借鉴了立体主义的风格之后，迎来了描绘古典裸体像的“新古典主义时代”和粗暴地描绘畸形人体的“超现实主义时代”。他于 1937 年所创作的《格尔尼卡》，便是其在此期间最伟大的画作。这幅作品表现了他对西班牙小城市格尔尼卡遭到无差别轰炸的恐惧和愤慨之情。在第二次世界大战中，毕加索虽然曾创作过表现人性危机的作品，但随着战争结束后，他便不再拘泥于形式，而是开始进行自由的创作活动。毕加索一生共创作了约 13500 幅油画和素描、10 万幅版画、300 件雕塑和陶器，因其以作品数量最多而被收录在《吉尼斯世界纪录大全》中。他去世后，法国政府向其遗属征收遗产税的作品达 3500 幅以上，之后他的画作均被收藏于 1985 年建立的国立毕加索美术馆中。这是迄今为止，世界上规模最大的、仅收录一位画家作品的美术馆。

画家简介

生平

1881 年　10 月 25 日出生于西班牙的马拉加。
1902 年　因朋友的去世步入“蓝色时期”。
1904 年　在蒙马特尔的“洗衣船”自立画室。
1905 年　进入“玫瑰时期”。
1937 年　《格尔尼卡》在国际博览会西班牙馆中展出。
1973 年　4 月 8 日在法国南部的幕瞻市逝世。

代表作

《亚威农少女》1907 年
《Ma Joly》1911—1912 年
《格尔尼卡》1937 年

不知衰老的画家在88岁高龄创作的名作

毕加索的绘画风格与时代一起瞬息万变。随着年纪的增长，他的艺术表现领域越加广泛，除了绘画外，他还开始陶艺和雕塑的创作。特别是第二次世界大战之后，他更是进行着自由的创作活动。直至去世前，他的创作欲望也丝毫没有减弱。这幅作品是他晚年创作的，虽是将近两米长的大幅油画，但从充满活力的表现和大胆的画面结构中丝毫感觉不到他的衰老。此作品描绘的是一只象征和平的鸽子，停在胡腮脸近卫兵的肩章上。鸽子是毕加索喜爱的主题，他甚至为女儿取名巴鲁玛（西班牙语意为鸽子）。

《近卫兵和鸽子》巴勃罗·毕加索（1969年，布面油彩，195cm×130cm）收藏于池田20世纪美术馆

赏析要点

据记载，这幅作品是毕加索于1969年3月20日完成的。这幅画没有拘泥于风格和形式，而是自由发挥。当时毕加索已88岁高龄，他那充满活力的表现力令人惊讶，让人完全感受不到他年事已高。这幅作品不愧是在晚年说出“像孩子一样画画”的毕加索才能创作出的杰作。

小知识

为亡友创作的“安魂曲”——《生》

《生》是毕加索在“蓝色时期”的代表作，描绘了他的挚友画家卡萨吉玛斯在巴塞罗那时期的故事。画中描绘的是他们在共同创办的画室中作画的场景。这位和他同岁的朋友，是和毕加索一起到达巴黎的，在向西班牙模特求爱失败后自杀身亡。毕加索为悼念他的去世，在此作品中描绘了亡友和他爱恋的人依偎在一起的样子。

世界名画赏析之四

巴勃罗·毕加索《交臂而坐的街头艺人》

《交臂而坐的街头艺人》（1923 年，布面油彩，130.8cm×98.0cm）收藏于石桥财团普利司通美术馆

讲述毕加索“新古典主义时期”的作品

这幅作品的灵感源自毕加索去意大利旅行时与俄罗斯芭蕾舞蹈团偶遇的经历，是毕加索“新古典主义时期”的代表作之一。毕加索重新对“立体主义时期”不曾尝试的人体表现产生了兴趣。

街头艺人就是指在街头即兴表演的艺人们，毕加索曾创作过以艺人为题材的作品。在他的早期作品中，公认的优秀作品多以写实为主，且这些画作多创作于“蓝色时期”和“玫瑰时期”。

这幅作品运用强有力的轮廓和乳白色的色调，描绘出拥有犹如希腊雕塑一般端庄面孔的街头艺人的画面。它的左边有被重新画过的痕迹，仔细观察后能看到形似人脸般的线条组合。后经过科学的考证，发现作品原本描绘的是紧挨着街头艺人的女性的姿态。

这幅作品收藏于石桥财团普利司通美术馆中，在那里还收藏着毕加索不同时期的其他作品，对比来看是很有趣的。

085

与毕加索共同推进立体主义运动

乔治·布拉克

Georges Braque

1882—1963年

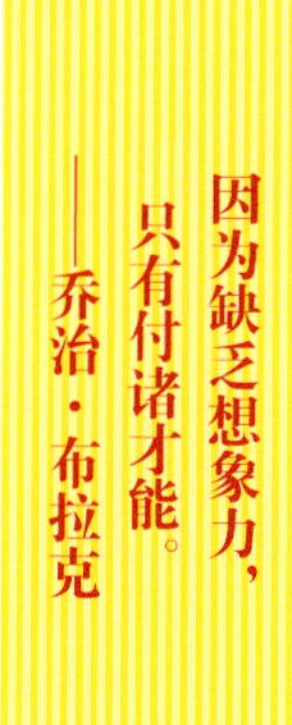

画家简介

生平

1882 年　5 月 13 日出生于法国的阿让特伊。
1907 年　结识毕加索。
1917 年　参加第一次世界大战，因受伤再次恢复了创作活动。
1937 年　在卡耐基国际艺术展中获奖。
1948 年　在威尼斯双年展中获美术奖。
1963 年　8 月 31 日在巴黎逝世。

代表作

《埃斯塔克的房子》1908 年
《拿着曼陀铃的女人》(《曼陀铃》) 1937 年

创造了立体主义，并为其发展作出了贡献

布拉克曾在勒阿弗尔当地的美术学校学习，并于1900 年来到巴黎后开始创作野兽派作品。他在看到毕加索（详见第 130 页）的作品《亚威农少女》之后，开始走上立体主义的道路。同时，他也受到了同时期塞尚（详见第 090 页）回顾展的影响。布拉克和毕加索一起探索立体主义的理论，并创立了把绘画对象用几何图形细分再组合的表现手法。他们使立体主义从分析立体主义发展到综合立体主义，推进了立体主义运动。

和毕加索在同一画室时的作品

画面斜上方，桌上的酒瓶、水果与桌角犹如要从画面中跳出来一般。虽然整体使用同色系的色调会显得较为单调，但画面上水平线、垂直线及右上方的斜线让构图显得非常紧凑。

赏析要点

这幅作品是 1910 年前后布拉克和毕加索一起，在将题材分解后再组合的"分析立体主义"确立的过渡期所创作的。粗放的笔触、画面上极薄的底色及画面横切的水平线，将人的视线重新拉回画布上。

《静物》（1910—1911 年，布面油彩，33.3cm × 24.1cm）
收藏于日本东京国立西洋美术馆

画家简介

生平

1881 年　出生于法国诺曼底地区的阿尔让登。
1907 年　观看塞尚回顾展后大受启发。
1913 年左右　参加黄金分割派。
1920 年　结识建筑师勒·柯布西耶，之后参与壁画创作。
1940 年　为躲避第二次世界大战迁至美国，在美国开展活动直到 1945 年。
1955 年　在法国近郊吉夫续尔伊凡特逝世。

代表作

《森林里的裸体像》1909—1910 年
《三个女人和盛大的饭局》1921 年

在经历了立体主义后
确立了自己独特的风格

费尔南·莱热

Fernand Leger

1881—1955 年

将色彩和未来主义融合于立体主义

在学习了建筑学后，莱热立志成为画家。1910 年，他与毕加索（详见第 130 页）等人相识，深受其影响，并在同年举办的“巴黎秋季艺术沙龙展”中展出了与立体主义风格相近的作品。在展出的作品中，由于呈现了犹如水管组合的形态，因而后人将他的立体主义戏称为“机械立体派”。自 1913 年后，他的画开始更具备抽象感，越加接近立体派中的“黄金分割派”。第二次世界大战后，他以需要多人物出场的游行或建筑工地等平民百姓娱乐或劳动场所为主题，创作了多部巨幅作品。

让我们睁大眼睛凝视当下周围动荡、泛滥的生活吧。
——费尔南·莱热

追求相对存在的协调

这幅作品是莱热晚年从流亡地美国归来后的作品。虽然画中并未出现以往他常用的宏大的画面结构，但他特有的强有力的黑色轮廓、单纯且略显幽默的形式和鲜艳明快的色彩却并未改变。

赏析要点

莱热作品的特征，是将矛盾的物体放在同一画面中，从而产生和谐的紧张感，他将这类特征称为“对比”。我们可以从蓝色的天空与红色的公鸡，自然与零碎的器械的组合中观察出他这一理念。

《红鸡和蓝天》（1953 年，布面油彩，65.3cm×92cm）收藏于日本东京国立西洋美术馆

087

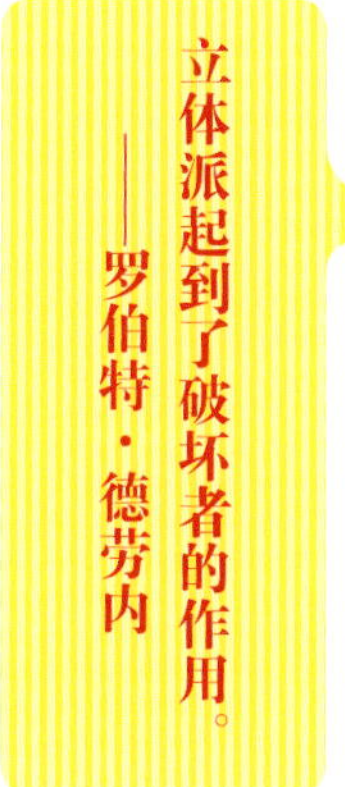

从立体主义转向抽象画的先驱者

罗伯特·德劳内

Robert Delaunay

1885—1941 年

画家简介

生平

1885 年	4 月 12 日出生于法国巴黎。
1909 年前后	参加黄金分割派，同索尼亚·特科结婚。
1912 年	在独立派沙龙展中展出《巴黎城》，受到阿波利奈尔的极力称赞。
19 世纪 30 年代	创作了许多通过色彩对比表现运动的抽象画。之后，经过立体主义时期，到达了纯粹的抽象主义。
1941 年	10 月 25 日逝世。

代表作

《战神广场，红色埃菲尔铁塔》1911 年

《巴黎城》1912 年

《加的夫队》1912—1913 年

追求色彩和变化，创造了独特画风

德劳内最初参加了黄金分割派，之后经历了立体主义时期。1910 年，在与画家索尼亚·特科结婚后，他又开始追求色彩和变化，因此被称为“奥弗斯主义”。他的画作不仅使用埃菲尔铁塔、飞机和足球等近现代化的题材，而且在色彩的选择方面也到达了纯粹的抽象主义。他开始尝试抽象的建筑装饰，并在 1937 年为巴黎世界博览会创作了壁画。

抽象描绘出橄榄球的跃动感

1912 年前后，德劳内在创作纯粹抽象作品的同时，也创作了具象的作品《加的夫队》。在荷兰艾恩德霍芬的范阿贝博物馆和巴黎市立近代美术馆中有另外一个版本，这幅作品是手稿。

赏析要点

橄榄球、大型摩天轮、埃菲尔铁塔等都是德劳内作品里经常出现的主题。另外“ASTRA”这个词，是一个飞机制造公司的名称，在拉丁语中意为“星星”。

《加的夫队 手稿》
（1912 年前后，铅笔，52.3cm × 43cm、28cm × 23.5cm）收藏于爱知县美术馆

在巴黎的日本画家——藤田嗣治

巴黎画派时代，在蒙帕纳斯生活着一位日本画家，他就是远离祖国日本、在法国获得了很高评价的藤田嗣治。

藤田于 1886 年出生于东京市牛込区（今东京都新宿区）。

自小就喜爱绘画的藤田，于 1905 年从东京高等师范学校附属中学（今筑波大学附属中学）毕业后，听从森鸥外的劝说，进入东京美术学校（今东京艺术大学美术部）学习。但在校期间学习内容仅仅是表面的画法，这些并不能满足他。

藤田嗣治于 1910 年毕业，两年后与女子学校的美术老师鸨田登美子结婚，并在新宿百人町创办画室。但藤田于 1913 年便抛下妻子独自前往法国，他们的婚姻仅维持一年，便以悲剧告终。

当时，藤田居住在聚集了很多年轻艺术家的巴黎蒙帕纳斯。他在与莫蒂里安尼、苏丁等交流的同时，也接受着巴黎新绘画的洗礼。

1914 年由于第一次世界大战爆发，家里不再给他生活费。1917 年藤田首次举办个展。之后，他的作品获得了很高的评价，生活总算安定了下来。

在沙龙展（官展）中，他展出了备受赞赏的裸体画。画中运用了日本画中常用来画眉毛等细线的“面相笔”，从而展示了纤细线条的技法，同时他还采用被称为“乳白色肌肤”的独特色彩，这一画作令藤田一举成名。

之后，藤田在 1955 年加入法国国籍，1959 年皈依天主教，并在洗礼时被授予“列奥纳多”的教名。

1968 年，藤田因癌症逝世于瑞士苏黎世，享年 82 岁。

他是一名独自前往艺术之都巴黎，仅靠自己的才能和画笔就博得很高名望的日本画家，在晚年被问及为什么不回日本时，他回答道“并不是我舍弃了日本，而是日本抛弃了我”。藤田嗣治，也许永远只是一位异乡人。

艺术历史：
巴黎画派

聚集在巴黎的各国年轻艺术家们

巴黎画派

20 世纪前半期

蒙马特尔和蒙帕纳斯的青春

20 世纪初期，巴黎是欧洲的艺术中心。塞纳河两岸，右岸的蒙马特尔地区和左岸的蒙帕纳斯地区居住着来自世界各国的年轻艺术家们。他们一边过着波希米亚人般的生活，一边创作着充满个性的具象绘画。由于他们来自不同的国家，表现方法也各不相同，并不属于统一的流派，因此被统称为"巴黎画派"。

属于这个画派的有意大利的莫蒂里安尼、白俄罗斯的夏加尔、波兰的基斯林、立陶宛的帕斯金等。

虽然年代有些早，但在这里一同介绍以蒙马特尔为创作地点，主要描绘在都市娱乐街生活的人们的罗特列克和被称为"朴素派"的个性画家卢梭。

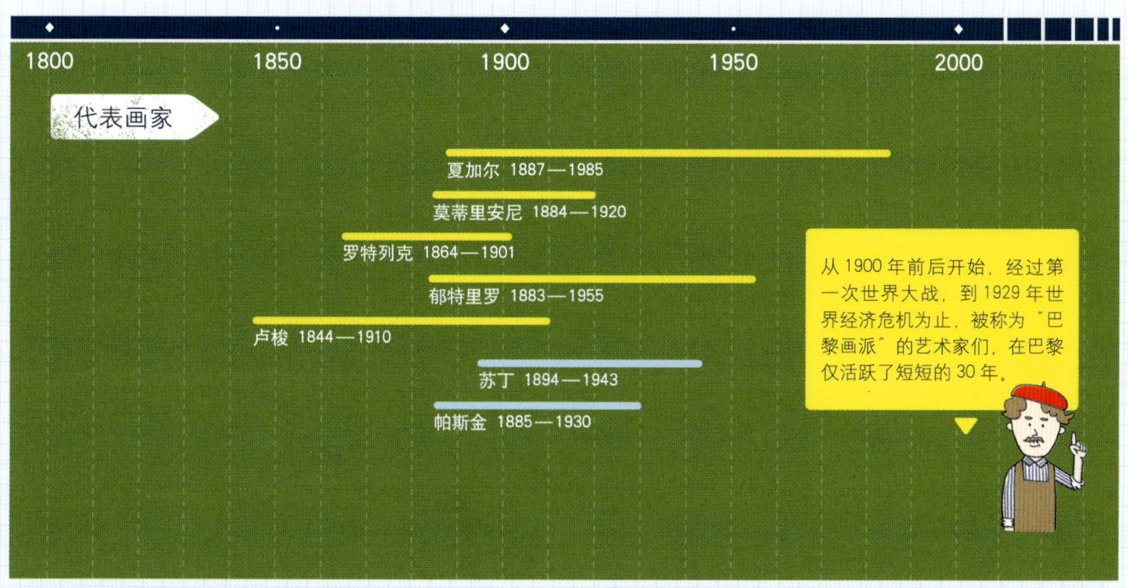

088

因画作充满幻想而吸引人

马克·夏加尔

Marc Chagall

1887—1985年

艺术，是因为爱而由悲转喜。
——马克·夏加尔

从画风中反映出犹太人的经历

因以空中舞动的情侣或动物为主题，使用脱离现实的鲜艳色彩，奔放且充满幻想的画风，夏加尔被人熟知。究其原因，在于他出生于白俄罗斯的一个犹太人家庭，善于从犹太教的神秘中获得灵感。

他曾在圣彼得堡的美术学院学习，于1910年前往巴黎，住在名为“蜂巢”的画室中。他在那里结识了许多艺术家，并受到野兽派和立体主义的影响。回国后，他在革命后的俄罗斯进行创作。虽然受到了苏维埃政府的一定影响，但更多是受到了抽象派至上主义的影响。尔后，他移居巴黎。夏加尔创作了许多描绘故乡俄罗斯的风景、幼时的情景、节日或婚礼等的作品。

影响夏加尔画风的还有一个很重要的人物，那就是夏加尔的妻子帕拉。夏加尔曾表示“画画的是我的手，而思考的却是帕拉”，由此可见他对她非常着迷。

夏加尔的创作地点虽然移至巴黎，但由于1941年纳粹占领法国，对犹太人进行抓捕，夫妇俩为避难而逃往美国。1944年，帕拉在美国因病去世。夏加尔悲痛万分，一年都没能拿起画笔画画。停战后他回到了法国，再次进行创作。

画家简介

生平

1887年　7月7日出生于白俄罗斯维捷布斯克。
1912年　入住蒙帕纳斯的公共画室“蜂巢”。
1923年　离开白俄罗斯，移居法国。
1941年　因纳粹占领法国并迫害犹太人，逃往美国。
1950年　获得法国国籍。
1985年　3月28日在法国南部里维埃拉逝世。

代表作

《我和我的村庄》1911年
《生日》1915年
《白色的耶稣受难像》1938年

在画布上展现无限的幻想世界

夏加尔表示"理性不可以，也不应该妨碍幻想"，主张幻想应是没有界限的。他以自己的亲身经历为素材，在作品中表现出自己独特的世界。在这幅作品的正中央，是一对仿佛在梦幻世界里飞舞的男女。如天使般的孩童飞舞在空中吹奏着笛子，仿佛在为两人祝福。此外画中还绘出了许多象征希望的花朵和太阳。夏加尔在1952年和瓦伦丁再婚，并一起生活了33年。这幅作品里也反映了他们婚姻的幸福。

《枝》(1956—1962年，油彩，146cm×114cm）收藏于三重县立美术馆

赏析要点

飞舞在空中的恋人、绽放的花朵、回忆中的埃菲尔铁塔等，夏加尔幻想类作品中用过的主题在此作品中全部集齐。正如他所说的"理性不可以，也不应该妨碍幻想"那样，这幅作品是独具夏加尔风格的展现自我幻想世界的作品。

小知识

思乡的外国人——夏加尔

出生于白俄罗斯维捷布斯克的夏加尔来到巴黎后，在蒙帕纳斯创办画室。第一次世界大战期间他生活在白俄罗斯，但不久之后他又返回了法国，继续创作故乡的风景。

089

早逝的巴黎画派代表作家

阿美迪欧·莫蒂里安尼

Amedeo Modigliani

1884—1920年

如果没有活生生的人在我面前，
我什么也画不出来。
——阿美迪欧·莫蒂里安尼

融合了古典美术和原始美术的独特的肖像画

20 世纪初期，巴黎聚集了来自世界各地的年轻才俊画家，来自意大利的莫蒂里安尼就是其中一员。

因幼时身患肺结核，莫蒂里安尼为了找到合适的疗养地，和母亲去了那不勒斯、罗马、佛罗伦萨及威尼斯等许多地方旅行。当时在各个地方所欣赏到的多种多样的古典美术对他产生了很大的影响。

莫蒂里安尼把古典美术与埃及等非洲国家的原始美术相融合，并确立了人物拥有极长脸形与杏仁般瞳孔的独特的肖像绘画风格。

莫蒂里安尼到达了向往的巴黎后，开始在蒙马特尔进行创作。他不久后迁至蒙帕纳斯，并结识了同时代的代表画家毕加索（详见第 130 页）和郁特里罗（详见第 144 页）。

但由于他独特的画风与当时处于时代前端的立体主义风格相背离，因而他被看作是异类。他好不容易才举办的画展也因为裸妇画像而被批判为有伤风化，并被勒令即日取消展览。

抱怨怀才不遇的莫蒂里安尼，因再次感染肺结核而备受打击。这位极端且异类的天才画家，在 30 多岁时便长眠于世。两天后，他的太太让娜·艾比泰尔纳也追随其后自杀身亡。

莫蒂里安尼的遗孤简·莫蒂里安尼被莫蒂里安尼的姐姐收养。她仅仅一岁零五个月就失去了双亲，后来，身为美术研究学家的简·莫蒂里安尼从事研究自己父亲的工作，于 1984 年去世。

画家简介

生平

1884 年	出生于意大利托斯卡尼区的利沃诺。
1906 年	来到巴黎，居住在蒙马特尔。
1908 年	迁至蒙帕纳斯，创作了很多雕塑作品。
1914 年	结识保罗·纪尧姆，在他的建议下专心于绘画创作。
1917 年	虽然 12 月举办了自己的首个个展，但中途被勒令停止。
1920 年	1 月 24 日在巴黎病逝。

代表作

《保罗·纪尧姆的肖像画》1916 年
《披头散发横躺的裸妇》1917 年
《拿扇子的露妮娅·捷克沃斯卡》1919 年

《披头散发横躺的裸妇》（1917 年，油彩，60cm × 92.2cm）收藏于大阪新美术馆建设准备室

继承传统且大放异彩的新颖的裸妇画像

莫蒂里安尼是在画商兹博罗夫斯基的劝说下开始主要创作裸妇题材的作品。这幅画作是1917 年前后，莫蒂里安尼创作的20 幅作品中的一幅。画中女性的身体不再受他初期雕塑作品的影响。这幅画只用单纯的形式去表现，且没有抽象化的元素，女性微笑地摆着造型仿佛是在炫耀自己健康的身体，独具特色使得这幅作品在众多描绘裸妇的作品中大放异彩。

赏析要点

从这幅作品中可以看出浓浓的莫蒂里安尼风格，即在继承裸体画传统的同时，追求新形式的女性美。头部和腿部仿佛溢出整个画面般，模特大胆的姿势也十分新颖。

小知识

成为影视画面男主角的莫蒂里安尼

莫蒂里安尼一生中一半的事迹都是传说，有两部讲述他事迹的电影。第一部《蒙帕纳斯的灯》（1958 年）是由法国美男子杰哈·菲利普出演的莫蒂里安尼，这部作品播出后受到了广泛好评。第二部是安迪·加西亚主演的《莫蒂里安尼真实的爱》，于2004 年上映，看过这部作品的人应该会更多吧。

090

温柔地描绘舞女

亨利·德·图卢兹·罗特列克

Henri de Toulouse Lautrec

1864—1901 年

人类是丑陋的，然而人生是美好的。
——亨利·德·图卢兹·罗特列克

画家简介

生平

1864 年　11 月 24 日出生于法国南部阿尔比。
1878 年　左大腿骨折。第二年再次骨折，导致两脚停止发育。
1882 年　前往巴黎。
1893 年　举办双人展。
1896 年　举办罗特列克大型展览会。
1899 年　因酒精依赖症住院。
1901 年　9 月 9 日因病逝世。

代表作

《走进红磨坊的贪食者》1891 年
《红磨坊》1891 年
《红磨坊的沙龙》1894 年
《歌剧院的马克西姆·多托马》1896 年

出身名门望族却因身体残疾而改变人生的画家

罗特列克出生于名门望族，家里就叫他"小宝石"，家人对他的未来充满期待。然而因两次意外骨折，他的下半身停止发育。因此，他的父亲愈发疏远他，使他度过了孤独的青春。

自幼喜欢画画的罗特列克，在 20 岁的时候拿着画具离开了家。他每天沉浸在颓废的夜总会、咖啡店和妓院等场所。他喜欢以在这些地方工作的女服务员、舞女们为题材进行创作。他的笔触之间充满了对她们的爱意。这也许是因为自己身患残疾但不得不生活下去的遭遇与她们的经历类似。

罗特列克特别爱去的是一家以大红色风车为特征的舞厅红磨坊。舞厅甚至为常客罗特列克准备了专用席位，他就是在这里观察舞女们。

红磨坊是罗特列克创作灵感的来源，他创作了许多素描画。因受红磨坊主人委托而创作的宣传海报大受好评，罗特列克开始作为海报画家崭露头角。但由于常年放荡的生活，他在 30 多岁时就英年早逝。

他离世后，根据他父亲的意愿，他的作品被交给了他母亲在巴黎的朋友，一位名叫莫里斯·茹瓦扬的画商保管。1929 年，他的画被收藏在他故乡的图卢兹·罗特列克美术馆中。

完美融合浮世绘和石版画技法的杰作

这幅作品是开业已两年的舞厅红磨坊的宣传海报，亦是罗特列克创作的第一幅版画。这幅海报展出后广受关注，令他一举成名。本作品高超地描绘了被评为舞者名家的拉·古吕在灯光下优美舞动的舞姿。画作前方呈现出拉·古吕的搭档，被称为"无骨的瓦伦丁"的男性舞者的轮廓，而背景的观众是用黑色的轮廓像描绘出来的。画中巧妙地运用单一色彩的构图，从这里可以看出浮世绘对他的影响。而且罗特列克采用石版画的形式将作品升华到新的高度。

《红磨坊，拉·古吕》（1891 年，石版画，166.9cm × 123cm）收藏于石桥财团普利司通美术馆

赏析要点

19 世纪末期，日本的浮世绘被推广到欧洲画坛，当时在创作海报的罗特列克注意到了它新颖的构图和设计。从他的作品中也可观察出其受到浮世绘的影响。平面夸张的表现、单纯的色彩对比、向深处极度延伸、阴影和地板的处理方式等都引人注意。

小 知 识

把海报上升到艺术层面的画家

因双脚残疾而被歧视的罗特列克，在描绘生活在晚上的舞女等女性姿态时秉持着感同身受的原则。他不仅创作了《红磨坊》，还创作了许多其他的海报。作为首位把海报上升到艺术层面的画家，其贡献在美术史上是不可磨灭的。

091

描绘巴黎风景的"白色画家"

莫里斯·郁特里罗

Maurice Utrillo

1883—1955年

如果不能回到巴黎的话，你想带点儿什么走呢？那就白色石灰的粉末吧。
——莫里斯·郁特里罗

从"白色时期"到"彩色时期"

郁特里罗是私生子。他的母亲苏珊娜·瓦拉东，曾是德加（详见第077页）和雷诺阿（详见第076页）等画家的模特，后来她自己也成了画家。郁特里罗名义上的父亲是西班牙画家、建筑师、美术评论家米格尔·郁特里罗。郁特里罗十七八岁时染上酒瘾，之后因为嗜酒成性被送进精神病医院住院疗养。

他的母亲苏珊娜为了治好他的嗜酒症，就开始教他绘画。最开始原本没打算认真去做的郁特里罗在绘画中逐渐展现出天赋。就这样，他正式开始进行绘画创作，并在毕沙罗（详见第075页）和西斯莱（详见第078页）的影响下倾心于印象派画风。

不久后，郁特里罗创作了一些用白色描绘墙壁的印象派作品。这段时间被称为"白色时期"，亦是郁特里罗绘画生涯中最受好评的时期，他的作品也受到了广泛关注。

但是，他没能戒掉酒瘾，多次因为沉迷于酒精住进疗养院。他自称"每天醉一场就创作一幅杰作"。

郁特里罗的作品被飞速售出，周围的人也因售卖郁特里罗的作品而尝到获利甜头。这个时期，郁特里罗在作品中不画人物，只描绘风景。

进入"彩色时期"后，他的画作变得色彩鲜艳，风景中也开始描绘一些人物。这些人物多是一些腰粗、滑稽的女性形象。

但人们对他后期失去紧张感的作品评价并不高。

画家简介

生平

1883年	作为私生子出生于法国巴黎（蒙马特尔）。
1891年	认西班牙画家、建筑师、美术评论家米格尔·郁特里罗为父亲。
1909年	进入"白色时期"。
1914年	开办首个个人展览。
1920年前后	进入"彩色时期"。
1955年	在法国西部的达克斯逝世。

代表作

《沙特尔大教堂》1910年
《诺尔凡街》1912年
《小丘广场》1911—1912年

《圣但尼运河》(1906—1908 年，油彩，53.4cm×74.5cm) 收藏于石桥财团普利司通美术馆

象征完全没有人物的“白色时期”的作品

郁特里罗喜欢描绘巴黎的街景，这幅作品描绘了在运河深蓝色水面和灰色天空的围绕下，以褐色和绿色为主的工业地区的景色。郁特里罗的许多风景画作品是不出门，窝在画室里对照着明信片创作的，但据说这幅作品描绘的是他亲眼所见或记忆中的景色。这幅作品在构图上与对他影响很大的毕沙罗所描绘的塞纳河沿岸工业地带的作品十分相似。

赏析要点

尽管是郁特里罗为了赚酒钱而开始卖画，但其终究成了职业画家，并于 1909 年逐渐达到被称为是“白色时期”的顶峰时期。这幅作品创作于“白色时期”之前，从画中右侧白色的使用方法及画中未有人物的描绘方式，我们可以感觉出“白色时期”即将到来。

小知识

“白色时期”之后获得的荣誉

虽然郁特里罗的“白色时期”在 1916 年左右结束，但他成名在更后面。1918 年，他与伯恩海姆·约奈画廊签订了一年内 100 万法郎的合约。虽然郁特里罗在 1934 年被授予法国荣誉勋章，但那个时期他的作品完成度并不高。因此，这些作品可以说是艺术价值和商业价值不完全一致的好例子。

画家简介

生平

1844 年　5 月 21 日出生于法国拉瓦尔市。
1871 年　任巴黎郊区的税务员。
1886 年　在法国独立艺术家沙龙展上展出作品。
1893 年　从税务机关退休，开始专心作画。
1908 年　毕加索等人为卢梭举办了“卢梭之夜”的宴会。
1910 年　创作《梦》。
1910 年　9 月 2 日逝世。

代表作

《睡着的吉卜赛姑娘》1897 年
《呼吁艺术家参加第二十二届独立艺术家沙龙展的自由女神》1906 年
《弄蛇女》1907 年

092

被称为“关税员”的大器晚成的画家

亨利·朱利安·费利克斯·卢梭

Henri Julien Félix Rousseau

1844—1910 年

没什么比画观察到的大自然更让我幸福了。
——亨利·卢梭

非传统的朴素派代表画家

卢梭因曾在巴黎郊区的税务机关工作，而被人称为“税务员”。他在工作之余开始自学绘画。从退休前后起，卢梭作为业余画家开始为顾客绘制肖像画。起初，他的作品并未受到关注，但他采用的单纯的形态和明快的色彩交错呈现出写实与幻想的创作风格，使他成为朴素画家的代表。虽然早期显得幼稚且拙劣的作品并未受到好评，但晚年时受到了毕加索（详见第 130 页）等当时前卫画家及画商的关注。

用肖像画来安慰女性的卢梭

这幅作品上的人物是与卢梭关系非常好的玛丽女士的亡夫。该作品是根据照片，描绘的弗鲁门斯·比什在做警察前曾身处炮兵队时的画像，卢梭将其馈赠给好友，希望予以她安慰。

赏析要点

卢梭是内心很柔软的画家。从这幅画中我们也能感觉到他的温柔。虽然这幅作品描绘的是战场的旷野，但其独特的着色和人物描写非常值得观赏。精心地描绘题材是卢梭作品的特征。

《弗鲁门斯·比什的肖像画》（1893 年前后，布面油彩，92cm × 73cm）
收藏于世田谷美术馆

世界名画赏析之五

亨利·朱利安·费利克斯·卢梭
《呼吁艺术家参加第二十二届独立艺术家沙龙展的自由女神》

《呼吁艺术家参加第二十二届独立艺术家沙龙展的自由女神》
(1905—1906 年，布面油彩，92.5cm×73.5cm）收藏于东京国立近代美术馆

朴素派画家卢梭展出作品的场所——法国独立艺术家沙龙展

这幅作品收藏于东京国立近代美术馆，作品名中提到的“独立艺术家沙龙展”是一个只要交展览费，任何人都能展出作品，没有审查制度的公开展览会。亨利·卢梭自 1886 年开始，几乎每年都会在此展览中展出自己的作品。对于没有接受过正规的美术教育，也没有师从任何人的别具一格的卢梭来说，独立艺术家沙龙展是唯一能让他展出作品的展览。

业余画家卢梭作品的特征是使用未经混合的颜料，把画布全部涂满，从而让画面具有令人感到诧异的远近感，正是这种专业画家也无法模仿的妙处才得以让此作品流传至今。

画面中描绘了把画幅夹在腋下向展览会会场走去的诸多画家。在他们上方的天空中，自由女神正在奏乐。在右前方，呈现的是独立艺术家沙龙展会长瓦尔顿先生与卢梭握手的画面。在画面正中央的狮子面前铺着的白布上，写有毕沙罗、修拉和西涅克等人的名字，甚至还写有卢梭自己的名字。从中可以看出，身为画家的卢梭是非常自负的，让人忍俊不禁。

专栏 15

包豪斯

20 世纪初，不拘泥于民族和传统，弘扬普遍性与合理性的社会主义和共产主义思想在以年轻人为中心的群体的心中产生共鸣。当时最前沿的，以抽象画为代表的“现代主义”艺术运动也贯彻了这一思想。

同一时期，旨在以建立绘画等艺术与建筑综合教育为目的而诞生的包豪斯，符合相同的理念，具有合理性，可以说包豪斯的诞生是时代的趋势。

第一次世界大战之后，因德意志革命而成立的魏玛共和国，于 1919 年创办了“魏玛公立包豪斯学校”。该校同时设立了艺术和工艺部门，而最初的教育方针就是让合理主义和表现主义共存。

1921 年学校聘请了保罗·克利，1922 年又从苏联聘请了瓦西里·康定斯基作教授，开展“俄罗斯前卫艺术”结构主义的造型教育。在建筑部门也聘请了柯布西耶和赖特，以及近代建筑三大巨匠之一的密斯等人，组成非常豪华的教授阵容。

包豪斯所提倡的这一“合理性”与“功能性”的概念，比起艺术，其在建筑和家具等设计领域方面的成就更加显著。

1925 年，学校迁至德绍。新成立的“市立包豪斯学校·德绍”的教学楼是由包豪斯的创办者、建筑学家瓦尔特·格罗皮乌斯设计的，这栋教学楼也成为现代主义建筑的代表作。

1928 年，继格罗皮乌斯担任下任校长的汉斯·梅耶提出要追求更具合理性的教育方针。因此，去除了开始的表现主义。虽然包豪斯在国际上享有很高声誉，但由于身为共产主义者的梅耶之后从事政治运动，在校内组成了“德意志共产主义细胞”这一团体，后来包豪斯被纳粹仇视。1930 年梅耶被革职，接任他的是密斯·凡·德·罗，但德绍校区在 1932 年时被封锁。之后校区虽然试图消除所有政治色彩，搬迁至柏林并改为私立学校，但在 1933 年的时候仍被纳粹封锁学校。包豪斯成立仅 13 年就退出了历史的舞台。

“魏玛和德绍的包豪斯学校及其相关设施”于 1996 年被列入世界文化遗产，包豪斯对后世的艺术教育作出的巨大贡献被高度赞扬。

艺术历史：
抽象派

不拘泥于事物本身，直接将形态和色彩展现在画面上

抽象派

20 世纪前期

舍弃具象后诞生的新绘画方法

20 世纪前半期，美术史上最具革命性的事件就是抽象派登上历史舞台。

对于习惯描绘具体对象作品的人来说，“不知道画的是什么的作品”的诞生完全是冲击性的事件。不再描绘具体的事物，而仅用形态和色彩构图的抽象画，将鉴赏者分成了能够理解的和不能理解的两类人。

这里所说的“抽象画”，是指无论是怎样的对象，用怎样的方法，都不会在画面中展现自然的现实的绘画。因此，画家必须让作品的题材和自然对象彻底诀别，去发现新的表现对象。最先和具象绘画诀别，选择抽象画的画家有康定斯基、蒙德里安和马列维奇等。

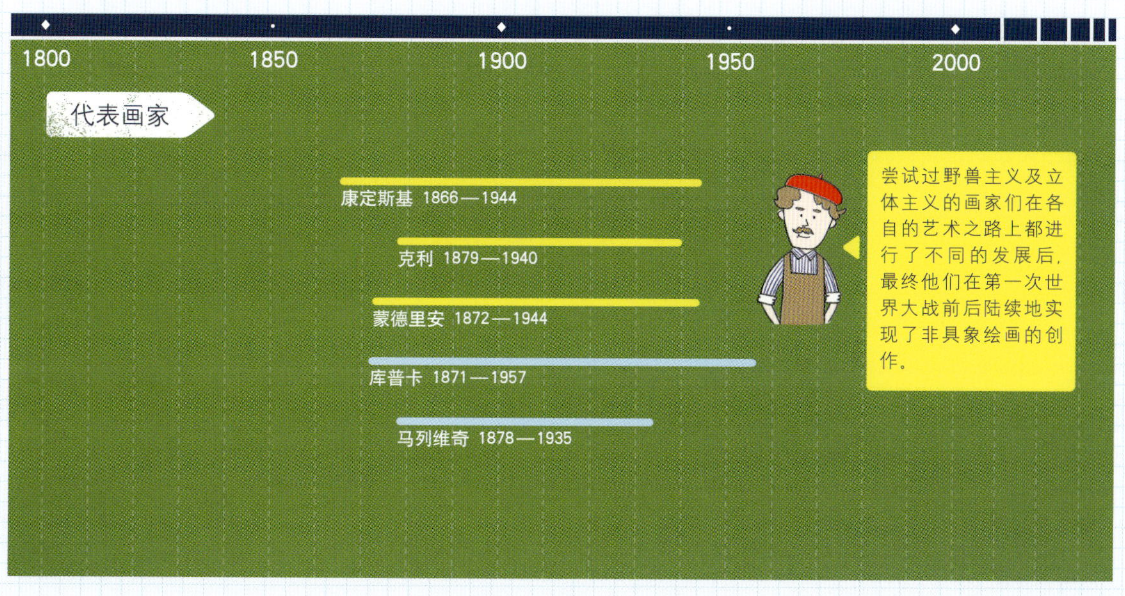

093

奠定抽象画基础的重要人物

瓦西里·康定斯基

Wassily Kandinsky

1866—1944 年

艺术与万物法则是相互联系的，只有顺从它，才能创作出伟大的作品。
——瓦西里·康定斯基

绘画主角由描绘的对象变为独立的色彩与线条

康定斯基被认为是德国表现主义“青骑士派”的画家，抽象画基础理论的奠基人物之一，他是近代美术界非常重要的存在。“青骑士派”常常与由基希纳等人所创立的“桥社”一起被提及。“桥社”由一群同地域、同年代且有相同生活特征的伙伴们共同创立，而“青骑士派”则聚集了一群出身地域不同、年龄跨度大但都怀有“所有艺术都应该有其精神所在”理念的画家们。为实现这一理念，康定斯基去除了人物和物体等的具化形象，只用色彩或形式来进行创作，这也成为抽象画作的出发点之一。

出生于莫斯科富裕家庭的康定斯基曾在大学主修法律和经济学。在法国美术展上看到莫奈（详见第 072 页）的作品后，他决定走上艺术的道路，之后，他从事了与美术教育相关的工作。具有代表性的事件是他曾在魏玛的美术学校包豪斯担任教职。这一职位是由其在慕尼黑美术学院时结识的克利（详见第 152 页）所介绍的。包豪斯在美术、建筑和设计等领域都推行着前沿的教育，培养了众多艺术家。康定斯基和克利担任教员，很大程度上影响了那些对色彩和形式具有诸多想法的学生们。直至 1933 年该大学被纳粹关闭之时，康定斯基一直在此校担任讲师。

在第二次世界大战中逝世于巴黎的康定斯基，在战后被视为抽象画的先驱，他的很多作品获得了许多美术评论家的高度赞扬。

画家简介

生平

1866 年　12 月 4 日出生于俄罗斯莫斯科。
1896 年　看到莫奈作品《干草堆》后，下定决心成为画家。
1911 年　组建“青骑士派”。
1933 年　任教的德国魏玛的包豪斯被迫关闭。12 月末，搬至法国。
1944 年　12 月 13 日在巴黎郊外逝世。

代表作

《构图 7》1913 年
《黑色正方形里》1923 年
《运动》1935 年

去除一切具象物体的康定斯基精神

这幅作品是康定斯基在1914年所创作的由四幅版画组合而成的壁画习作中的一幅。虽然没有康定斯基自己的风格，但这四幅壁画被后世解释为四季，这幅作品为《狂欢·冬》。在这幅用无数色彩渲染的作品中，我们可以感受到康定斯基想要仅仅通过色彩和形态的力量，构筑画中世界的精神意志。这样的精神才是康定斯基的魅力所在。

《E.R. 为坎贝尔创作的壁画的习作》（1914年，布面油彩，69.8cm×48.4cm）收藏于宫城县美术馆

赏析要点

我们最好从色彩的重叠和形式各个方面仔细赏析此作品。这些都不是简简单单随意涂上的颜色，而是犹如"上升"或"扩散"一般，让画面呈现出一种流动感。从这里可以感受到康丁斯基创作本作品的本意。

小知识

沉默寡言但拥有神授般出类拔萃的统率力

人们常常会将康定斯基的作品与给人以音乐感的克利的作品相比较，如果把克利的作品比作独奏的话，康定斯基的作品则可以说是管弦乐了。康定斯基虽然沉默、谨慎，却获得了很多人的信任。再加之他出色的领导才能，30多岁的时候就集结了许多年轻画家，成立了新艺术家协会。

094

最珍贵的孩子般的纯真

保罗·克利

Paul Klee

1879—1940年

艺术的本质，并非再现可见的东西，
而是把不可见的东西创造出来。
——保罗·克利

在绘画过程中追求抽象性

克利对后来兴起的超现实主义画家们产生了很大的影响，但他并不认为自己属于某一特定的派别。虽然如此，但他还是与在慕尼黑美术学院结识的康定斯基（详见第150页）一起作为“青骑士派”的会员开展活动。这是因为对于追求绘画的精神性观点，他们之间产生了共鸣。克利对艺术的定义是：“努力做到能够看到看不见的东西。”他和康定斯基的共同点是在画中创作出与现实世界不同的世界。

克利的父亲是音乐教师，母亲是钢琴家，他自幼开始学习小提琴。他的演奏水平极高，年仅11岁的他就成了管弦乐团的非固定成员。他的父母理所当然地希望他能走上音乐的道路，而他本人却选择了绘画之路。因为，与在管弦乐团演奏传统的音乐相比，他觉得自己在绘画方面更具创作的空间。

克利初期的作品多以黑白的素描为主。在与朋友去突尼斯旅行的时候，他的画风出现了转变。这次旅行让克利震撼无比。他在旅行日记中写道，“现在终于够资格成为一名画家了”。正因为这次旅行，他开始关注色彩。

画家简介

生平

1879年　12月18日出生于瑞士的伯尔尼近郊。
1912年　参加“青骑士派”。
1926年　在法国巴黎举办的超现实主义展的团体展中展出作品。
1940年　6月29日在瑞士洛迦诺逝世。

代表作

《从哈马马特开始的主题》1914年
《金色的鱼》1925年
《黑色王子》1927年

克利的作品曾被认为如同小孩子的画作一般，而且他本身对小孩子纯真的画作评价也很高，据传他非常爱惜自己儿子的素描作品。克利追求的不是已完成作品的抽象性，而是创作过程中的抽象性或纯粹性。2005年，在他的故乡伯尔尼，收藏了大约4000幅克利作品的保罗·克利中心美术馆正式开馆。

品味克利充满幻想的色彩感觉

这幅作品将画面分割为大小不同的形状，并涂上各种各样的颜色。从中可以看出克利作品的特征是将许多颜色搭配在一起，产生难以形容的绝妙的配色。在作品中间偏上的部分，不知是人还是动物，仿佛能看到用黑色线条勾勒出的侧脸的形状。另外，左上角红色的圆形十分引人注目，描绘得十分精细。推测其创作的过程可能是先将棉布涂白做底，再用灰色涂在棉布上，然后在上面再涂红色、蓝色、绿色等涂料。正因为经过了这些复杂的工序，这幅画才能表现出如此耐人寻味的配色。

《帕莱西奥·努埃尔》（1933 年，木棉 · 白色底 · 水彩，50.4cm × 27cm）收藏于宫城县美术馆

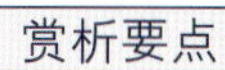

赏析要点

克利又被称为“色彩的魔术师”，赏析的时候最好着重关注一下色彩。尽管该作品略显朴素，但鲜艳的色彩似乎在邀请人们走向世界的根源。克利对神话和传说也表现出了深厚的兴趣，也许运用这些色彩就是为了创作出神话世界吧。

小知识

激发作家想象力的作品名

吉行纯之介的小说《砂岩上的植物群》的名字也是由克利的作品题目而得来的，应该是克利那宛如诗句一般的作品名激发了作家的想象力吧。

095

将感情排除到极限的禁欲主义者

彼埃·蒙德里安

Piet Mondrian

1872—1944 年

自然是那么可憎，是过分的替代品，
让我几乎无法忍受。
——彼埃·蒙德里安

仅用垂直线、水平线、原色来绘画

蒙德里安和康定斯基（详见第 150 页）一同被称为“抽象派最早期的画家”。蒙德里安出生于荷兰，跟着身为风景画画家的叔父学习绘画。立志成为画家的他进入美术学校学习，他毕业后以画风景画为主。在 1911 年阿姆斯特丹的塞尚回顾展中，他欣赏到有立体主义先兆的塞尚的作品，深受其影响，之后便前往巴黎学习立体主义。

蒙德里安在学习立体主义的过程中越来越感到自己的不足，于是他开始苦思冥想创作具有自己独特风格的抽象画作品。即几何学中抽象的由水平线、垂直线、红、蓝、黄、黑、白、灰色所组成的世界。蒙德里安为了实现纯粹的艺术理念，摒弃所有主题而去追求禁欲。把这种风格作为新造型主义公之于众的蒙德里安，从巴黎回国后遇到了身为画家及建筑师的特奥·凡·杜斯堡。蒙德里安和杜斯堡共同创办了名为《风格派》的杂志，并在上面介绍了新造型主义。但是他和努力摆脱死板的新造型主义的杜斯堡意见发生分歧，两人最终绝交。

之后，蒙德里安为了避开第二次世界大战的战火，移居纽约，在那里他的作品风格发生了很大的变化。当时已年近七旬的他创作了《百老汇爵士乐》。虽然这幅画创作的基本原理和他一直以来的作品并无差别，但仍能看出他运用鲜艳的色彩来展现明快的结构。

具有设计感的蒙德里安的作品至今仍然非常受欢迎，不仅被用来制作宣传海报及明信片，甚至时尚界和室内装饰等领域也将其商品化。

画家简介

生平

1872 年　3 月 7 日出生于荷兰阿麦斯福特。
1917 年　与杜斯堡一起创办《风格派》杂志。
1925 年　出版著作《新造型》。
1932 年　在阿姆斯特丹美术馆举办大回顾展。
1944 年　在纽约逝世。

代表作

《开花的苹果树》1912 年
《绘画 1》1921 年
《百老汇爵士乐》1942—1943 年

《沙丘》(1909 年，油彩 · 铅笔 · 厚纸，29.6cm × 39.1cm) 收藏于石桥财团普利司通美术馆

摸索中最终形成的抽象画

这幅作品是蒙德里安在确立抽象画风格的过渡期创作的。这幅画以荷兰栋堡的沙丘为题材，采用了各式各样且色彩鲜艳的点。从画中可以明显地看出这是新印象主义的点彩画法。和修拉开创的新印象主义不同，蒙德里安的作品中对色点的运用更加抽象。蒙德里安经常去旅行地栋堡居住，并在那里留下了一些描绘当地风景的作品。

赏析要点

《沙丘》这幅画是蒙德里安从具象转变到抽象过程中创作的非常珍贵的作品。画中以水平线分布的颜色带布满了圆形或横向细长的各种形状。从这里能够明显看出蒙德里安受到了点彩画法的影响。从这幅作品中也可以了解他在形成抽象画风格过程中的世界观。

小 知 识

轻快的节奏和充满能量的杰作

为躲避第二次世界大战战火而移居纽约的70 岁高龄的蒙德里安，被大都市绚丽的霓虹灯、高楼林立的摩天大厦及令人愉悦的爵士乐深深吸引。他的代表作《百老汇爵士乐》，就是他晚期描绘纽约的充满能量且节奏轻快的杰作。

超现实主义的四种新技法

超现实主义被认为是 20 世纪最大的艺术运动，画家们为了画出潜意识的世界，首创了四种偶然性很强的画法。

“摹拓法”（法语中意为“擦涂”），由超现实主义画家马克斯·恩斯特首创。马克斯·恩斯特年幼时因为发烧而被梦魇住的时候，将顶棚上木板的纹理看作了鸟或者眼球等，之后当他凝视墙壁的时候就会出现同样的情况。

1925 年，住在海边的恩斯特突然出现了同样的幻觉，于是他把纸放在木板上，用铅笔在上面擦涂。他觉得这样能看到一些不同的东西，因此得到了“摹拓法”的灵感。恩斯特用这个方法创作了《博物志》等诸多作品。

然后，是“拼贴画”（法语中意为“用糨糊粘贴”）。这个方法最初源于立体主义时期（1912 年前后）的毕加索和布拉克在创作时使用的“美术贴纸画”（法语中意为“用糨糊粘贴的纸”）的方法。

但是，运用“将已完成的内容重新进行人工组合，就可以改变整体样子的技法”创作拼贴画作品的，也是恩斯特。1929 年，他出版的拼贴画集《百头女》就是其代表作。

“移画印花法”（法语中意为“转抄法”）是指在玻璃等不具有吸收性的材料上面涂上颜料，趁颜料还没干的时候贴上其他的纸，然后再取下，便会出现出乎制作者意料的图案，图案样子则因人而异。虽然这种技法是在 1936 年由超现实主义画家奥斯卡·多明格斯首创，但常用这种技法的却是马克斯·恩斯特，他的作品《新娘的嫁衣》就是成功运用这一技法的例子。

“意境改变法”（法语中意为“送到异乡”），是通过把物体从本应存在的场所转移到别的场所（位置调换），从而给人以违和感与惊奇感的画法。雷尼·马格利特和萨尔瓦多·达利的作品中常见这种方法。

超现实主义创作出的这四种新技法，也被频繁地用于之后的现代绘画中。

艺术历史：
超现实主义

潜意识下画出的意象

超现实主义

20 世纪前半期

与精神分析学家弗洛伊德的思想产生共鸣

“超现实主义”，被认为是 20 世纪最大的艺术运动，是由一群赞同法国诗人安德烈·布列顿于 1924 年发表的《超现实主义宣言》的艺术家们组成并发展壮大的。

超现实主义，是通过绘画和文学等描绘出与梦和潜意识相结合的高维的现实世界，在思想上受到弗洛伊德精神分析学的影响。基里科的形而上绘画是超现实主义的先驱。

超现实主义画派可以分为两大类：一类是以马克斯·恩斯特和胡安·米罗等画家为代表，采用自动书写和拼贴画等技法，试图在没有意识的状态下描绘出潜意识的世界；另一类是以马格利特和萨尔瓦多·达利等画家为代表，描绘荒诞的世界和在现实中不可能存在、奇妙的犹如梦中世界的画面。

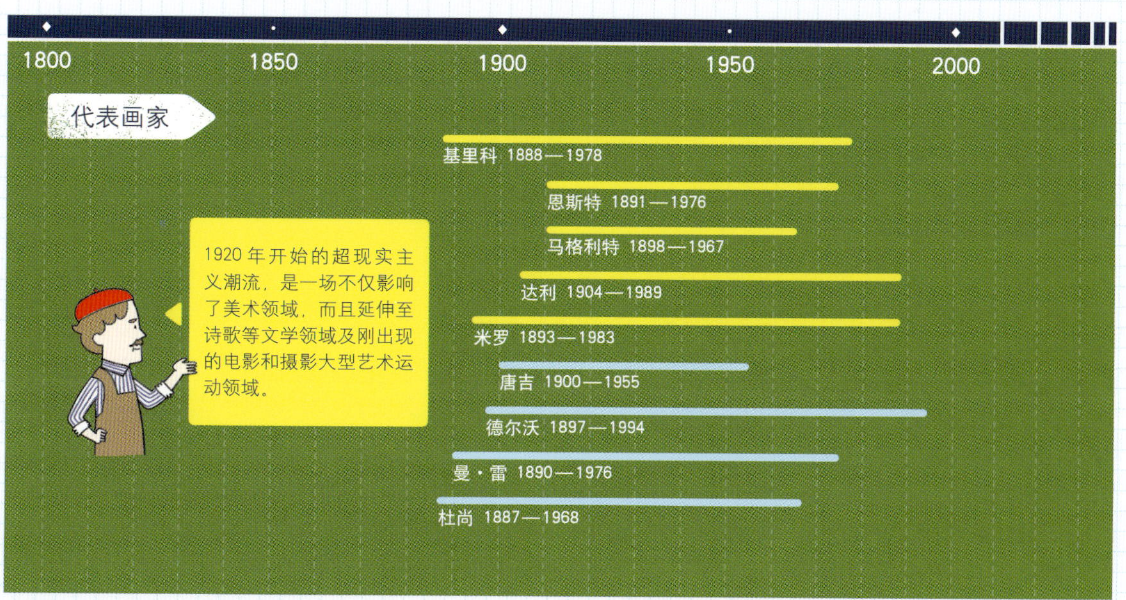

096

超现实主义源泉的画家

乔治·德·基里科

Giorgio de Chirico

1888—1978年

尼采发现的是由心境所产生的不可思议的深远诗意和神秘且无限的孤独。那是因为晴空万里，太阳即将下山，影子比夏天时的要长。那是秋日午后的心境。——乔治·德·基里科

扭曲了空间和时间的“形而上绘画”的创始者

基里科不仅仅是画家，他也给超现实主义带来了巨大的影响。

基里科自身是受到了阿诺德·勃克林等人的影响。正是勃克林的代表作《死亡之岛》中白昼与黑夜共存的那种脱离现实、不可思议的景象，为基里科“形而上绘画”的确立给予了力量。

“形而上绘画”的特征，是在画面中故意扭曲远近感和时间上的感觉、光和影及物体移动的速度等。从基里科的作品中可以看到，明明是在街道上却没有人烟的样子，汽车在跑动而冒着的烟却直直地冲着正上方，画面上描绘的钟表的时间和影子的长度不吻合，画面的周围和透视产生偏差等各种情况。

因为这些效果，画面中弥漫着淡淡的哀愁，让人仿佛置身于现实与非现实之间，给观赏者一种无法言说的不安。从恩斯特（详见第160页）和马格利特（详见第162页）等诸多超现实主义艺术家的作品中可以明显看出他们是受到了基里科的影响。

画家简介

生平

1888年　生于希腊，父母是意大利人。
1906年　移居慕尼黑，进入慕尼黑皇家美术学校学习。
1911年　居住在巴黎，之后与毕加索、诗人阿波利内尔交流。
1917年　结识卡罗尔·卡拉，决定共同追求“形而上绘画”。
1978年　11月20日在罗马逝世。

代表作

《恋歌》1914年
《意大利广场》1916年
《赫克托耳与安德洛玛克》1918年

基里科是出生于希腊的意大利人。他自幼在雅典学习绘画，父亲去世后，他进入慕尼黑皇家美术学校学习。对心理学和哲学同样充满兴趣的基里科阅读了叔本华和尼采等人的著作，并深深钦佩他们的思想。

之后，基里科前往母亲居住的米兰，并创作了《意大利广场》的系列作品。1912年他移居巴黎，在沙龙展中展出作品。基里科的作品被阿波利内尔称赞不已，基里科也因此得以与毕加索（详见第130页）和布拉克（详见第133页）等画家进行交流。

空空如也的街道上伫立着没有脸的模特

基里科经常会以广场和模特为创作题材。这个模特仿佛被发配到了毫无人烟、时间停止的广场上一般。没有脸的模特无法传达感情，没有人的空间里弥漫着哀愁。用零件缝缝补补组成的模特有着很大的头，全身的比例也很不协调。而且，与建筑的比例相比，这个模特的体形大小也很不自然。基里科的作品通过这种故意扭曲时间和空间的方法，使欣赏者产生不安。后来，将此作品用X射线检查后发现，画的下方还画着一个戴帽子的人。作品是否是基里科本人所画，而其意图又是什么等，使这幅作品更加谜团重重。

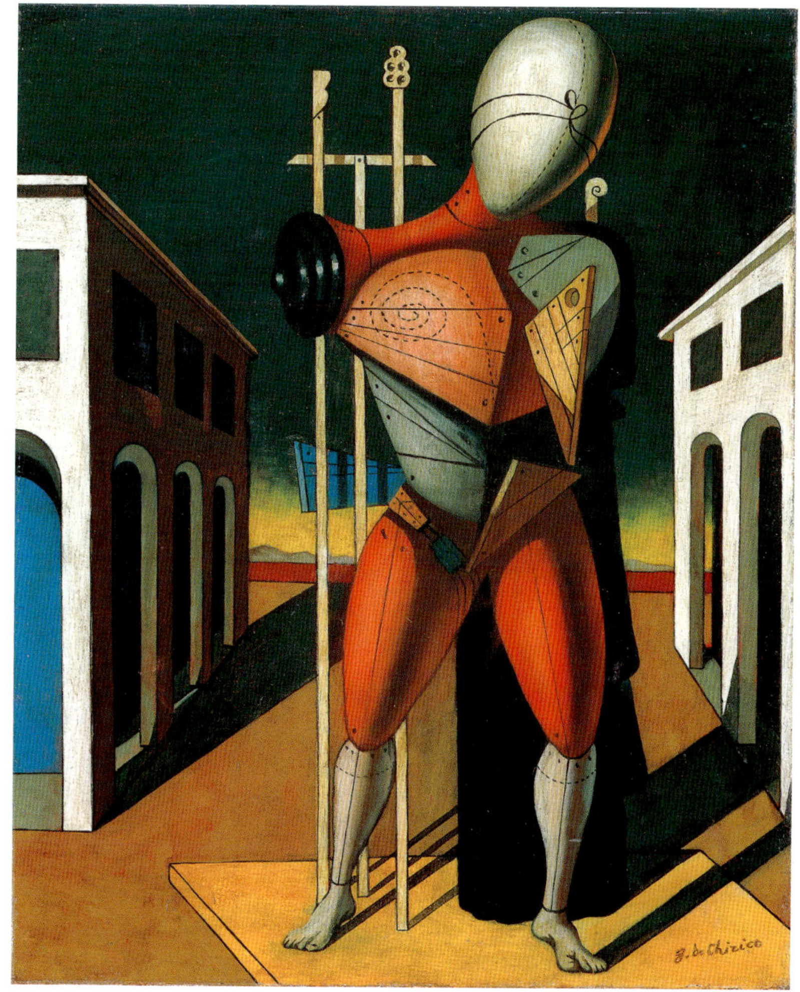

《吟游诗人》（制作年份不详，布面油彩，62.4cm×49.8cm）收藏于石桥财团普利司通美术馆

赏析要点

对于基里科的作品，我们最好一边赏析，一边寻找空间、时间、距离和速度等现实生活中想不到的部分。其被称为“形而上绘画”的作品，存在着许多不可思议之处。也许通过寻找这些不同，我们可以更加了解基里科的想法。

小 知 识

描绘“似曾相识症”的经历

基里科在初次访问的凡尔赛宫经历了“似曾相识症”（既视感）。“看不见的轮廓将事物相连，在那一瞬间，我产生了曾经见过这座宫殿，或是这座宫殿曾存在于其他什么地方的感觉。”基里科是根据自己所说的“似曾相识”的经历，而创作出“仿佛在哪里存在过”这样不可思议的谜之街角和广场的场景吧。

097

将艺术性的东西视为禁忌的破坏型艺术家

马克斯·恩斯特

Max Ernst

1891—1976年

我以看客的身份见证了自己的出生。
——马克斯·恩斯特

画家简介

生平

1891 年　出生于德国科隆附近的布鲁尔小镇。
1909 年　在波兰大学学习哲学、精神医学和美术。
1920 年　在科隆举办达达展览会。
1921 年　受安德烈·布勒东邀请，在巴黎举办拼贴画展。
1923 年　作为超现实主义画家创作第一幅作品《圣母怜子》。
1958 年　获得法国国籍。
1976 年　4 月 1 日在法国巴黎逝世。

代表作

《新娘的嫁衣》1939 年
《雨后欧洲 II》1942 年

拒绝绘画的同时追求新的表现

在经历了 20 世纪初期由诗人特里斯唐·查拉等人在苏黎世发起的否定并破坏既有概念和常识的达达运动后，马克斯·恩斯特又参加了超现实主义运动。

恩斯特充满幻想的画风，很大程度上是受到他儿时看到的幻觉或幻想的影响。

否定艺术的东西，也拒绝承认自己是画家的恩斯特，对自己面对白色画布的行为也感到羞耻，因此他决定采用一些手段来消除这些纠结。其中手段之一是创作出用各种各样的素材组合粘贴而成的拼贴画。拼贴画曾被毕加索（详见第 130 页）等人实践过，但他们只是为了表现某种效果。而恩斯特的拼贴画却是源于内心的冲动。对于恩斯特来说，拼贴画是把自己幻想、幻觉中的物体用可见的物体形态明确展现出来的不可替代的方法。

另外一个手段是把纸放在凹凸不平的物体上摩擦出图案的“拓印法”。这个方法据说始于 1925 年的某个雨天，恩斯特待在宾馆凝视古老的地板时产生了焦躁的幻想，于是他就随手拿起纸放在地板上试着用铅笔摩擦。

之后他又陆续发现了用调色刀在厚涂的画布上擦刮的“擦刮法”，以及将两张涂好颜料的画纸合起挤压再扯开后留下图案的“移画印花法”等方法。

拒绝绘画的恩斯特允许自己用这些自然发生的方法创作，同时，他也热衷于表现自己内心的幻想。

《石化的森林》(1927 年，布面油彩，81cm × 99.6cm) 收藏于日本东京国立西洋美术馆

削去画上颜料的擦刮法

由恩斯特首创的擦刮法表现出的木纹，能唤起人们对恩斯特钟爱的森林的印象。那是格吕内瓦尔德和德国浪漫派的弗里德里希等人曾画过的“日耳曼的神秘森林”。画面中充满了令人毛骨悚然的感觉，就好像一旦在葱郁茂密的森林中迷失方向，便再也走不出去一样。在黑暗的森林深处，可以看到太阳光从中透过。这也是德国浪漫派喜爱的传统创作题材。这幅作品是1966 年，由实业家山村硝子社长山村德太郎所捐赠的现代绘画收藏中的一幅，它是恩斯特在 1925—1928 年创作的系列作品“森林和太阳”中的核心作品。

赏析要点

恩斯特不仅喜欢画鸟，也喜欢画森林。虽然他的作品神秘且充满幻想，但都是以严谨的造型为基础的。一般在超现实主义作品中很少能看到文学元素，这估计是严肃的日耳曼人血液所造就的特征。

活跃在多个领域的恩斯特

恩斯特虽然是首创了许多超现实主义绘画技法的画家，但他并没有受过正规的美术教育，他在大学时主攻哲学、心理学和美术史，有许多独特的经历，是为数不多的出版了许多著作的画家。

098

动摇欣赏者固有观念的“图像的魔术师”

雷尼·马格利特

René Magritte

1898—1967年

我不会表达任何感情与任何观念。
——雷尼·马格利特

虽然自己是平凡的，却仍旧描绘着歪曲的现实

马格利特是比利时超现实主义的代表画家。1916年他进入布鲁塞尔的比利时皇家美术学院学习，并接触到了立体主义和达达主义等多种多样的艺术形式。在摸索自己的创作风格时，马格利特看到基里科（详见第158页）的《恋歌》后深受触动，从此走上超现实主义的道路。

1927年，他前往巴黎，并结识了达利（详见第164页）和安德烈·布列顿等超现实主义艺术家。与他的作品中给人以冲击力的画风完全相反，马格利特的私生活十分安稳。他和青梅竹马的妻子生活在小公寓里，并在那里进行创作。马格利特经常有意识地进行平凡的创作。

马格利特作品的特征是画面流畅，看不出痕迹，给人以清晰、明了的印象。但是这会让欣赏作品的人感到不安。这种把现实中不可能出现的、让人不可思议的景象，理所当然地当作正常存在于现实中描绘出来的画法，被称为“意境改变法”（调换法）。

这种现实中该有的东西没有出现，不该有的东西却呈现的矛盾状况，会让观赏者怀疑自己一直所坚信的现实和常识。

和其他创作梦境和潜意识的超现实主义画家不同，马格利特试图描绘的是现实世界中存在的神秘和矛盾等。在他的作品《图像的背叛》中，巨大的烟斗下却注上了文字说“这不是烟斗”。

马格利特故意扭曲我们所坚信的语言和图像之间的关联，他一直认为现实是非常危险的东西。

画家简介

生平

1898年　11月21日出生于比利时埃诺州的莱西纳。
1916年　进入布鲁塞尔的比利时皇家美术学院学习。
1927年　在布鲁塞尔的人马画廊举办首个个展。前往巴黎，与超现实主义艺术家们交流。
1967年　8月15日逝世。

代表作

《阿恩海姆的领地》1938年
《比利牛斯山之城》1961年
《人类之子》1964年

现实和虚构混杂着的世界

这幅作品是马格利特的代表作。就算不知道马格利特的名字，也能看出展现在面前的是阴沉的天空、汹涌的大海，还有中间像鸟儿一般展开翅膀的蓝天。画中描绘的截然不同的天空，到底哪个是现实，抑或两者都是虚构的呢？马格利特因通过混杂事物及其形象、概念的关系，以给人冲击力的风格而被人所熟知。从这幅作品中我们要了解到什么呢？鸟儿在多云的蓝天中毫无阻碍地自由飞翔吧。鸟和蓝天是马格利特多次描绘的题材。

《大家族》（1963 年，布面油彩，100cm × 81cm）收藏于宇都宫美术馆

赏析要点

在马格利特的作品中，几乎看不到绘画的痕迹和色彩不均。希望大家可以注意到马格利特独特的填色方法。这个清晰、不模糊的画面，反而更会让欣赏者心生疑惑。马格利特故意歪曲现实，才诞生了这类作品。

小 知 识

具有设计感的名画深受年轻人喜爱

使用马格利特作品的海报和明信片之所以在当今也深受年轻人喜爱，是因为它的设计感吧。他的作品被改编到各式各样的商业设计中，这之中非常出名的是美国创作歌手杰克森·布朗的《天色已晚》（1974 年）的唱片封皮，它模仿的是马格利特的名作《光的帝国》。

099

用自己的外表和行动展现超现实主义的天才

萨尔瓦多·达利

Salvador Dali

1904—1989年

要成为天才，只要装作是天才的样子就好了。
——萨尔瓦多·达利

偏执的言行引起许多人的关注

提起超现实主义，许多人首先想到的都是达利。他的个人特征是高高翘向天穹的胡子，他也曾身着潜水服出现在公共场合，骑着大象参观凯旋门。

他自称是天才，不仅在绘画方面，在电影、雕塑、文学等方面也多有涉猎。对于达利来说，展示自己非常重要，绘画也许只是展示他自己的一个渠道。虽然通过和许多知名人士的交流的确让他的作品更加有魅力，但他奇特的外表和行为也引起了许多注意。

达利有个在他出生前就夭折了的哥哥，于是他就被取了一个与哥哥一样的名字，仿佛被当作哥哥的替身一样长大。可以想象这对他自身的成长造成了很大影响。

从童年时期开始，他就主张“我就是我，不是任何人的替代品”，一直以来这对达利来说都是很重要的命题。

画家简介

生平

1904年　5月11日出生于西班牙菲格拉斯的公证人家庭。
1922年　进入马德里的皇家圣费尔南多美术学院学习。
1938年　参加在巴黎的美术画廊举办的国际超现实主义展。
1964年　在东京和京都举办大回顾展。
1989年　在菲格拉斯的加勒蒂亚塔逝世。

代表作

《那喀索斯的变身》1937年
《圣安东尼的诱惑》1946年
《利加特港的圣母》1949年

看到达利作品的人，大概都会有种仿佛做了噩梦般毛骨悚然的感觉。但是，我们如果仔细欣赏画作的细微之处的话，就会惊讶于其细腻的描写。这是使用由达利本人命名的“偏执狂的批判方法”所创作出来的效果。他有意识地作用于“潜意识”，通过写实和细腻的描写，试图创作令欣赏者痛苦的作品。他有着让世人觉得“这才是达利”的想法，同时还拥有高超的画技，创作出了许多流传于后世的名作。晚年时，达利仍开展丰富的活动，例如在故乡菲格拉斯开办了“达利剧院美术馆”。达利在80多岁时结束了跌宕起伏的一生。

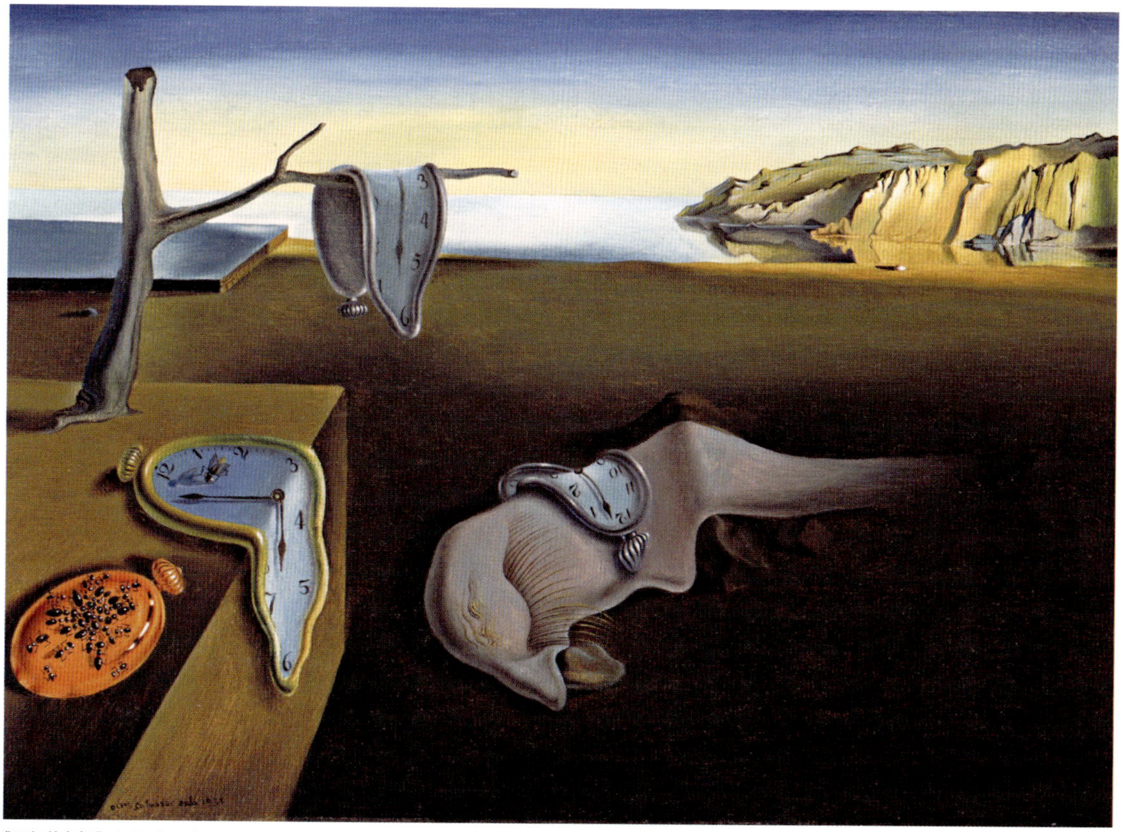

《记忆的永恒》(1931 年，布面油彩，24.1cm×33cm) 收藏于纽约现代艺术博物馆

充分体现“偏执狂的批判方法”的名作

这幅作品是达利用“偏执狂的批判方法”所创作的著名代表作。“偏执狂的批判方法”，就是“记录潜意识下的事物，即在梦境或模拟催眠状态中看到的情景及弗洛伊德发现的黑暗官能世界里展现的具体且不符合逻辑的所有事物”的方法，通过这样的方法，达利其他作品中的物体会成为其他的物体，而且每看到一个情景的时候，就会转变为其他的情景。达利用自己首创的这种方法向他人展示了只有他自己能看到的情景，至于要怎样看出来就全凭观察者个人了。有关这幅作品达利在自传《我的秘密生活》(1942 年) 中写道：“我看到了三个柔软的时钟，其中一个可怜地耷拉在橄榄树的树枝上。”

赏析要点

这幅作品用细腻的手法描绘出了达利在波特里加特画室中看到的海，和以此为背景的柔软的钟表及蚂蚁等他擅长的主题。这是一幅 20 世纪 30 年代典型的超现实主义作品。他的爱妻加拉曾表示：“只要看过这幅作品，谁都无法忘记它。”之后达利还创作了该作品的续篇《永恒记忆的崩塌》(1952—1954 年)。

小知识

达利和他人共同制作的短片电影

16 分钟的带有实验性质的短片电影《一条安达鲁狗》(1928 年·法国) 可以说是超现实主义电影的代表作之一了。这部电影的导演是路易斯·布努埃尔，编剧是布努埃尔和达利。

100

明朗地描绘潜意识的
与众不同的超现实主义画家

胡安·米罗

Joan Miró

1893—1983年

绘画就是诗。——胡安·米罗

画家简介

生平

1893 年　4 月 20 日出生于西班牙巴塞罗那。
1907 年　进入巴塞罗那的圣鲁克艺术学院学习。
1920 年　参加达达运动。之后过着往返于巴黎和蒙特洛伊的生活。
1941 年　完成系列画《星座》。
1983 年　在西班牙的马略卡岛逝世。

代表作

《哈里昆的狂欢》1925 年
《月亮之壁》（壁画）1957 年

令布列顿都羡慕的真实的自发性表现

米罗和达利（详见第 164 页）同是西班牙出生的超现实主义巨匠。其他超现实主义艺术家的作品大多都会使观赏者产生不安的情绪，但米罗不同，他的作品常给人明亮、热闹的印象。大概因为他的作品就如同打翻了玩具箱一样，到处散落着符号的图案，并用鲜艳的原色装饰的缘故吧。由于米罗在作品中经常会画变形后的事物，因此观赏的人们很难理解其作品到底描绘的是什么。但是，他画作中突然通透的开放感和满满的活力往往让观赏者心生喜爱。

生于西班牙巴塞罗那的米罗，经常去父亲在巴塞罗那郊外蒙特洛伊的农场。当地的风土人情已经深入米罗的骨髓之中，成为日后他作品的根基。之后他前往巴黎，并在那儿居住了大约 20 年，直至第二次世界大战爆发。但从他经常回西班牙的这件事情中，也可以看出他对故乡的思念之情。米罗在巴黎居住的期间结识了安德烈·布列顿，并参加了超现实主义运动，然而他并没有做什么特别的事情，只是顺从自己想要画画的欲望。布列顿称赞米罗这样的态度是“纯粹的自发性表现”。

米罗经常和诗人们交流，力求让诗成为绘画的源泉。他曾表示：“我有很多时间都是和诗人们一起度过的。我认为要到达诗的境界，向着‘具有造型性的事物’的方向发展是十分重要的。”

关注用自由奔放的笔法描绘的大胆画面

米罗的作品中所描绘的人物和鸟等形象大多都是强烈变形了的，所以我们很难从画中推测出他具体描绘的是何物。但是，我们能从米罗的作品中感受到强有力的能量。那是因为他的作品从形式和色彩中传达出了自由奔放的精神。这幅作品以《吸烟的男人》为主题，画中可以看到人的侧脸和吞云吐雾抽烟时的样子。但是，如果没有题目的话，人们估计很难知道这到底是什么吧。形状复杂的烟嘴、黄色的烟，以及睁得很大的尖锐的眼睛，这些都给人强烈的冲击感。

《吸烟的男人》（1925 年，布面油彩，64cm × 50cm）收藏于富山县立近代美术馆

赏析要点

这幅略带幽默感，仿佛出自儿童之手的作品，与米罗的其他作品一样都是用三原色画出了变形的人物。米罗还创作了一幅被称为此作姐妹篇的《拿着烟斗的男人》，收藏于马德里的索菲亚王后艺术中心。

小知识

不仅绘画，还创作了诸多其他艺术品的艺术家

米罗被毕加索评价为“永远的孩子”。1975 年，米罗按照自己的想法，在距离巴塞罗那奥运会会场很近的蒙特惠奇山上建立了白墙壁的米罗美术馆。在那里展出的不仅有绘画，还有雕塑和陶艺等共计 1 万余件米罗的作品，米罗美术馆也因此成为巴塞罗那的观光胜地。

以大自然为画布

20 世纪 70 年代之后，现代艺术形式的“装置艺术（Installation）”（英语为“放置、展示”的意思）登上历史舞台。

在野外或者室内放置物体，让欣赏者体验将整个空间作为作品去欣赏的艺术形式完全定型后，又相继出现了装置视频、装置声音、装置网络等形式。

从 1991 年 10 月 8 日—10 月 29 日，从南到北横贯日本茨城县常陆太田市和日立市的 349 号国道上，在沿途的田地、原野和堤坝等地方，放置了长约 19 千米、多达 1340 把“高 6 米，直径 8.6 米”的巨大的蓝色伞。这个装置艺术作品被命名为《克里斯托 · 雨伞计划》。同一时间，在美国的加利福尼亚州的戈曼峡谷中放置了 1760 把伞。在美国和日本共计放置了 3100 把巨大的伞，巨伞漫山遍野地开在峡谷之中，规模非常宏大。

这个《克里斯托 · 雨伞计划》是保加利亚艺术家克里斯托 · 加瓦切夫在日本和美国同时举办的活动。对于这个计划的意图，克里斯托表示“想要反映两个国家山区人们的生活方式、季节的色彩和光的异同点”。

被称为“包裹艺术家”的克里斯托，最初包裹的是大圆铁桶和汽车，不久后他就开始包裹建筑物和桥这样大规模的物体。1972 年的时候，他在美国科罗拉多州的一个大河谷之间，搭起了吊桥一样的，犹如河坝般巨大的橘红色窗帘（面积为 18200 平方米），这个作品被称为“山谷帷幕”，震惊了世人。

在当地实际看到 1991 年的《克里斯托 · 雨伞计划》后，给人的印象是“克里斯托描绘了一幅把地球画在画布上一样的作品”。

装置艺术，由于某种程度上能让鉴赏者自由选择鉴赏作品的时间和位置等，和传统的绘画相比，可以说让鉴赏者自己感受的部分会更多一些。

自由地描绘意象的艺术家们

战后·现代美术

20 世纪后半期至现在

没有风格就是现代美术的风格

第二次世界大战之后，从 20 世纪后半期到现代美术的过程，是不能用三言两语叙述完整的。

第二次世界大战后的法国，由马蒂厄和迪比费等人发起了强调材质效果的“无具形艺术”。战时前往美国的艺术家们所撒下的种子，在战后以“抽象表现主义”的形式开花。这其中的代表有首创了“滴画法”（不用笔，将颜料滴落在纸上绘画的方法）的画家波洛克；还有利用人类视觉上的错觉创造“光效应艺术”的瓦萨雷里；在画面上划出划痕来表现空间的封塔纳；“波普艺术”的沃霍尔和利希滕斯坦；领会超现实主义，表现现代人不安情绪的培根等。

不断多样化的现代美术，根据社会状况的变化，今后还会继续变化下去。

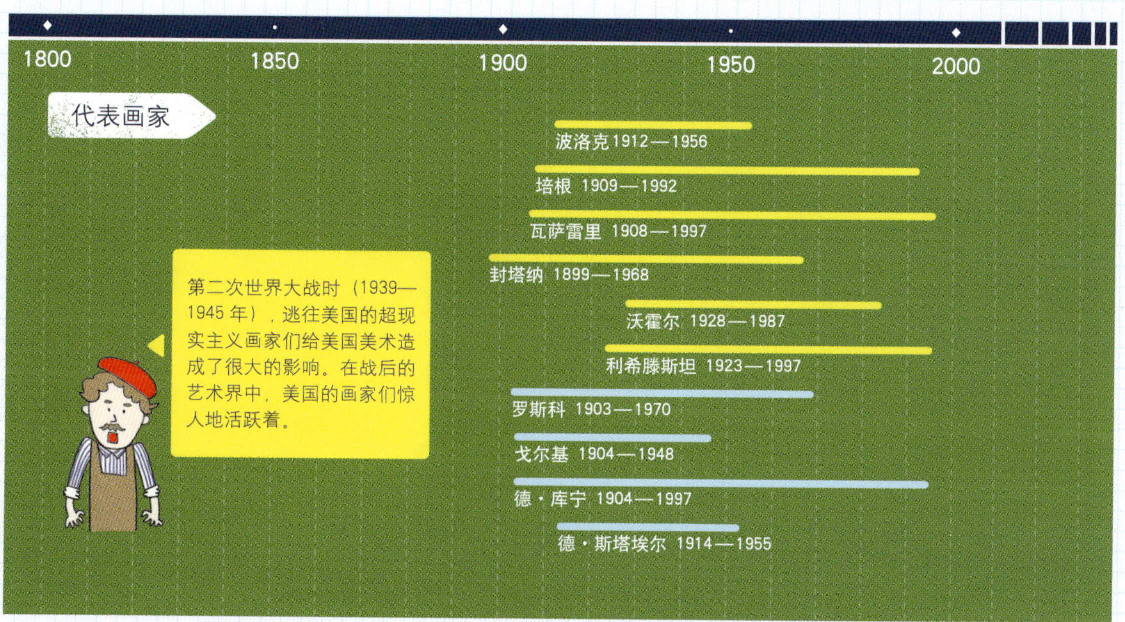

行动派绘画的画家

杰克逊·波洛克

Jackson Pollock

1912—1956年

画家简介

生平

1912年　1月28日出生于美国怀俄明州。
1930年　为学习美术移居纽约。
1943年　在美术画廊开办首个个展。
1948年　在第24届威尼斯双年展中展出作品。
1956年　8月11日因交通事故逝世。

代表作

《第11号，1949》1949年
《秋天的韵律》《第32号，1950》1950年
《蓝色枝条》1953年

偶然和慎重控制下的产物——“滴画法”

波洛克是出生于美国的抽象表现主义的代表画家。他创造了将画布铺在地上，从不同方向将颜料泼洒、溅向整幅画布上的“滴画法”（poured painting）。从画面中线条纵横交错的轨迹可以看出，波洛克是凭借直觉即兴作画的。晚年，他一直努力克服身为抽象表现主义领头人的压力及治疗酒精依赖症，并且开拓绘画新境界，但因遭遇交通事故突然离世。

波洛克的单色调作品

1950年，波洛克创作了名为《黑色·滴画》的系列作品。这个系列的作品是让黑色涂料在画布上形成线条交错，描绘犹如动物一般的形象，具有粗暴的特征。

赏析要点

这幅作品是在棉质帆布上用黑色涂料绘制的，不像之前的滴画作品那样颜色丰富，而是恢复了单调形象的主题。这是波洛克在开拓新境界的摸索时期所创作的作品。

《第8号，1951，流动的黑色》（1951年，漆·棉质画布，140cm×185cm）
收藏于日本东京国立西洋美术馆

102

正因为我是人，最纠结且无法脱离的就是自己。
——弗朗西斯·培根

描绘被歪曲的人物

弗朗西斯·培根

Francis Bacon

1909—1992年

画家简介

生平

1909 年　10 月 28 日出生于爱尔兰都柏林。
1936 年　想在国际超现实主义展上展出作品，却被驳回。
1943 年　毁掉了许多初期作品。
1948 年　《绘画》（1946 年）被纽约现代艺术博物馆买入。
1992 年　4 月 28 日因心脏病发作在马德里逝世。

代表作

《风景中的人物》1945 年
《头部Ⅵ》1949 年
《三联画》1967 年

用狂烈的笔触和阴郁的色彩表现被虐待的人

1927 年，在参观了毕加索（详见第 130 页）的展览后，培根开始绘制素描画和水彩画。培根作品的特征是，把人扭曲成肉块一般，并描绘其被暴力虐待的样子。培根利用报纸或杂志照片所创作的作品，是用狂烈的笔触、阴郁的色彩及厚重的质感等进行描绘的。他还创作了以室内人物为主题的三联画。

《从椅子上站起来的男人》
（1968 年，布面油彩，198cm × 147cm）收藏于池田 20 世纪美术馆

想要描绘人类被歪曲变形的形象

这幅作品描绘的是一个扭曲、溃烂、溶解成肉块般赤裸的人想要从椅子上站起来的情景。虽然可以看到他脚下蓝色地板上有着不定形的影子，但那是为了身体而画的。

赏析要点

培根的作品里被扭曲的人物总是身处于封锁的房间里，完美地表现出人类包裹着身体和心的皮肤被剥去后内心的不安。

103

让"视觉"得到满足，是艺术家的义务。
——维克托·瓦萨雷里

光效应艺术的代表画家

维克托·瓦萨雷里

Victor Vasarely

1908年—1997年

画家简介

生平

1908年	4月9日出生于匈牙利佩奇市。
1927年	原本立志成为医生，但为了学习绘画，从布达佩斯大学医学系退学。
1929年	进入桑德尔学院学习。
1944年	参与巴黎丹尼斯·勒内画廊的设立。
1960年前后	开始创作颜色繁多、鲜艳的作品。
1967年	在第九届东京国际双年展中荣获外务大臣奖。
1997年	在巴黎逝世。

代表作

《C.T.A–103–A》1965年

《Vega Per》1969年

不觉间想要触碰的、充满噱头的艺术

画家瓦萨雷里出生于匈牙利。他在素有"布达佩斯包豪斯"之称的桑德尔学院学习后，前往巴黎。在广告行业工作了一段时间后，他开始专心发展美术事业，并开始创作追求反复的造型效果和视觉错觉效果的作品。从流行画面具有丰富色彩的20世纪60年代起，瓦萨雷里作为利用"光效应艺术"（视觉上的错觉）这一艺术形态的代表画家而广为人知。他的作品反映出了其对闪烁的色彩、正片和负片的互换性、色彩和形态的关系等方面的研究。

视觉效果强烈的作品

瓦萨雷里创立的"欧普艺术"，是有规则地摆放圆形或正方形等基本图案，利用明暗或深浅的颜色区别，使画面具有凹凸感。"欧普艺术"在20世纪60年代非常流行，后来莱利等人继承了这种艺术。

《Siruis》（1965—1966年，布面油彩，175cm×175cm）收藏于富山县立近代美术馆

赏析要点

瓦萨雷里的画作并不是在倾诉感情。他的作品即使是平面的也给人以立体感，仿佛画面在流动一般，给人以愉悦的视觉享受。他的技法不仅有油彩，还有丝印法、彩色纸片拼贴法等多种。

104

追求空间表现的画家

卢齐欧·封塔纳

Lucio Fontana

1899—1968年

既不是绘画也不是雕塑的东西，那是穿过空间的形态、色彩和声音。
——卢齐欧·封塔纳

画家简介

生平

1899年　2月19日出生于阿根廷。
1928年　进入米兰布雷拉美术学院学习。
1949年　开始创作在画上打洞的系列作品。
1958年　参加威尼斯双年展。
1968年　9月7日因心脏病复发，在意大利瓦雷泽市近郊的科马比奥逝世。

代表作

《空间概念》系列作品 1949年

把平面的画布升华至立体

封塔纳出生于阿根廷，之后移居意大利。他最初是一名雕塑家，但之后他转向抽象风格的绘画创作。他在巴黎参加了“抽象创作”后，于第二次世界大战时返回故乡。封塔纳在布宜诺斯艾利斯发表了《白宣言》，提倡新的艺术运动。他回到米兰后，继续修订并发表《空间主义》，主张新的空间表现。他通过在画布上或弄出一个洞、或割破、或把霓虹灯装在上面等许多尝试，追求空间的表现。

裂缝带给鉴赏者的东西

尖锐的切入，是包含了由此行为所引起的时间、运动和色彩的“空间”。这幅作品超越了绘画和雕塑等既有的分类，这种艺术表现了封塔纳作为艺术家的行为轨迹。

赏析要点

封塔纳有很多作品都是像这幅作品一样，穿出某种形状的孔，或用刀等工具割裂画布。当涂满蓝色的画布在你面前被割裂时，会产生怎样的感想则因人而异。

《空间概念·期待》
（1956—1960年，布面油彩，80×100cm）收藏于磐城市立美术馆

画家简介

生平

1928 年　8 月 6 日出生于美国匹兹堡。
1949 年　从匹兹堡卡耐基技术学院毕业，负责插图设计工作。
1963 年　创建名为“工厂（factory）”的工作室。
1987 年　因病逝世。

代表作

《200 瓶金宝罐头汤》1962 年
《玛丽莲·梦露》1967 年
《最后的晚餐》1986 年

105

美国波普艺术的象征

安迪·沃霍尔
Andy Warhol

1928 年—1987 年

未来，每个人都能当上15 分钟的名人。
——安迪·沃霍尔

消除了大众商品和艺术之间的分界线

沃霍尔不仅是美国波普艺术的代表人物，同时还具有设计师、电影制片人、社交家等多重身份。最初他只是负责插图设计的工作，之后逐渐向高雅艺术的方向转变。20 世纪 30 年代以后他不用手绘画，而是采用工业涂料和丝网印刷等方法，大量生产如《金宝罐头汤》这样的商品，以及玛丽莲·梦露和猫王等名人头像，描绘大众和偶像们的日常。

《玛丽莲·梦露》（10 幅作品中的一幅）
（1967 年，纸·丝网版画，10 幅，91.5cm×91.5cm）
收藏于池田 20 世纪美术馆

复制美国文化的象征

作品描绘的是 20 世纪因性感的形象而深受大众喜爱的美国女明星——玛莉莲·梦露。1962 年玛丽莲·梦露神秘死亡后，沃霍尔立刻开始创作此作品。

赏析要点

这幅作品是沃霍尔创作并发表的类似的 10 幅系列作品中的一幅，这 10 幅作品采用相同的主题，但通过变换颜色、有意地错位印刷、或把墨印出轮廓外等方式制造不同。

点，让我想到的是非常近距离看漫画的效果。它由多种颜色组成。我看到了重新组织它们的可能性。
——罗伊·利希滕斯坦

106

将喜剧融入作品的艺术家

罗伊·利希滕斯坦

Roy Lichtenstein

1923—1997 年

画家简介

生平

1923 年　10 月 19 日出生于美国纽约的一个中产家庭。
1940 年　高中毕业。立志成为艺术家。
1961 年　开始创作取材自广告或喜剧的波普作品。
1997 年　9 月 29 日在纽约逝世。

代表作

《我知道……血液》1963 年
《战备》1968 年
《金鱼缸的静物》1974 年

让无名的印刷品为众人所知的过程才是作品

利希滕斯坦和沃霍尔（详见第 174 页）一样，都是波普艺术的代表作家。他因创作出放大漫画镜头的作品而出名。他曾在俄亥俄州立大学学习。他的初期作品是抽象表现主义风格，但在 20 世纪 60 年代以后，他开始转向放大喜剧的某一镜头，并用印刷的网点形状再现出来，从而形成了自己独特的风格。他在使用日常用品和喜剧形象的同时，还用明快且坚固的造型还原了这些题材。另外，他逐渐借鉴抽象表现主义等，并愈发追求造型感。

《科学的和平 I》（1970 年，石版画·丝网印刷，80.5cm×146cm）收藏于池田 20 世纪美术馆

赏析要点

正如利希滕斯坦自己曾说过的“正如构图一样，立体主义完全没用”，这幅题为《科学的和平》的作品名是没有意义的，描绘的主题也一样，放弃意义的无意义（nonsense）才是利希滕斯坦作品的特征。

好像尺寸被放大的作品

利希滕斯坦作品中非常重要的元素，就是用均等的网点装饰印刷时的斑点。《科学的和平》系列作品中的其他作品和这幅作品一样，都是用几何形状和三原色组合，衬托出网点的形象。

画家名索引

图书在版编目(CIP)数据

画家事典：西方106位大师及其名作解读 /（日）田边干之助编著 ；陈芳芳译. －武汉：华中科技大学出版社，2020.1

ISBN 978-7-5680-4691-6

Ⅰ. ①画… Ⅱ. ①田… ②陈… Ⅲ. ①画家－生平事迹－世界－通俗读物 Ⅳ. ①K815.72-49

中国版本图书馆CIP数据核字(2018)第246078号

画家事典：西方106位大师及其名作解读
HUAJIA SHIDIAN: XIFANG 106 WEI DASHI JI QI MINGZUO JIEDU

[日] 田边干之助　编著
陈芳芳　译

出版发行：华中科技大学出版社（中国·武汉）
武汉市东湖新技术开发区华工科技园
电话：（027）81321913
邮编：430223
出 版 人：阮海洪

责任编辑：简晓思
责任校对：尹　欣
责任监印：朱　玢
装帧设计：张　靖

印　　刷：武汉市金港彩印有限公司
开　　本：787 mm×1092 mm　1/16
印　　张：11.25
字　　数：328千字
版　　次：2020年1月第1版第1次印刷
定　　价：88.00元